巧可
合怕
的

北巫 ── 著

176個
不可思議的謎團
AMAZING
STORIES
OF
COINCIDENCE

浩瀚宇宙的難解之謎

文／眭澔平
世界文化史專家

　　即使曾到過一百八十多個國家旅行，考察過各種稀奇古怪的事件，看到《可怕的巧合》一書，仍然讓我大感驚奇。本書有系統地整理出世界各地未解謎團，書名雖取為「可怕的巧合」，事實上，也收錄了讓人慨嘆不已的意外巧合，或是驚嘆連連的真實故事。

　　書中共分為六大篇章：「世界走到末日？」「死神的大作」「雙胞胎密語」「無形大手撥弄」「歷史驚嘆號」「太陽底下新鮮事」。作者網羅了古往今來神祕而無法解釋的案例，每一篇文章都是一個驚嘆號，透過閱讀，彷彿看到有雙無形的大手操弄著當事人的命運。像是恍如電影情節的〈媳婦其實是親生女兒〉一文，媳婦兩次懷孕都產下畸形兒，加上不尋常的徵兆，才令自己多年前的一段舊情曝光——與外遇對象祕密產下一女，私生女長大成人後，又陰錯陽差與自己親生兒子相識相戀結婚，最後，這一對年輕的璧人夫妻竟成了同父異母的兄妹，其中曲折與世事變化，令人唔嘆不已。

　　而神祕的馬雅文化、燦爛的埃及文明、消失的亞特蘭提斯，這些高度文明之間的發展巧合或相關神奇數字，本書也歸納出一些內容，與我之前跋涉至馬雅金字塔所目睹的奇景相互

印證——它們就像一種美麗的規律，週而復始地在地球上悄悄進行著。就拿金字塔來說，它象徵著人們心中的永恆境地，而在〈馬雅文明金字塔的那道光〉一文中，便向讀者們介紹了墨西哥東南部猶加敦半島上的「庫庫爾坎金字塔」，塔基共分九層，由下而上逐漸縮小，如同生日蛋糕造型，而四面共三百六十四級，加上塔頂平臺為三百六十五級，正巧與一年的天數相同。

　　甚至在東西方歷史文化之間也多有巧合。如古巴比倫根據月亮運行方式創造了曆法，這與中國夏朝發明陰曆為同一個時期；中國的《詩經》和西方《荷馬史詩》皆創作於西元前九～前八世紀，在世界詩壇各自燦爛；就連西方的戲劇之父莎士比亞、東方的明朝戲曲家湯顯祖也在同一時期發光發熱……這些橫貫東西的重大發明或人物，你我或許都聽過、不陌生，而本書則將這些跨越不同文化背景的事件整理成章，細細比對，讓歷史上的玄妙巧合更加顯而易見。

　　其他還有甘迺迪家族的傳奇之謎、神祕的北緯三十度線、「魔鬼三角海域」百慕達三角洲、末日災難警示等等，越是深入探究、思考得越多，就令我覺得自己對未知世界的所知越少。人類文明的發展進程中，至今仍存著許多難以言說的謎樣巧合。太多匪夷所思的詭異現象、讓人毛骨悚然的神奇規律，這一切全都無法以科學解釋，卻又真實呈現在世人面前。人類對浩瀚宇宙的窺探永無止盡，而生命中也會不斷出現各種差一分一毫都無法構成、有如魔幻時刻的巧合事件，這一切都有待懷抱無窮好奇心的你我繼續不斷研究與追尋……

目錄 Contents

第三篇　雙胞胎密語

世界走到末日？

歷史上曾發生很多「巧合災難」，這無不在提醒人們，大自然的未知空間仍非常廣闊，我們所瞭解的十分有限。這「巧合」究竟是巨手的操縱，還是人類事後的聯想？無論如何，種種災難的發生，無不告誡我們要對棲居的星球保持敬畏之心。

1. 南亞強震海嘯與巴姆強震同一天

二〇〇三年十二月廿六日，伊朗巴姆古城發生強烈地震造成兩萬人死亡，震驚世界。

一年之後的同一天，也許是巧合，可怕的悲劇竟然再次上演。二〇〇四年十二月廿六日，印尼當地時間上午七點五十九分，蘇門答臘島附近海域突然發生了強烈地震——印度洋大地震（即南亞海嘯）。一位來自印尼亞齊特別行政區的目擊者表示，地震前，天空晴朗，萬里無雲，沒有任何異常徵兆，突然間，臨海的城市便遭到巨浪襲擊，部分地區的海水更是漲到人們的胸口。

印尼地震監測機構最初公佈的報告指出，該強烈地震的震級為芮氏6.8級，震央位於北緯三點六度，東經九六點二八度。但位於美國科羅拉多州的美國地質探勘局公佈的監測結果卻表示，該地震的震級為芮氏8.5級；數小時後，又對震級進行了更新，調高至芮氏8.9級（最後確定震級為9.3）。

義大利地震專家恩佐·博齊指出，十二月廿六日當天一發生大地震，「整個地球都在震動」。他同時表示，該次地震甚至對地球的自轉運動產生了一定干擾。美國地質探勘局的專家朱利斯·馬丁尼斯也說，如此強烈的地震，近百年來十分罕見。這是自一九六四年美國阿拉斯加發生芮氏9.2級地震以來震級最高地震，也是自一九〇〇年以來震級排名第五的強震。根據美國地質探勘局網站公佈的資料，自一九〇〇年以降，世

界各國遭遇的最強烈地震是一九六○年發生於智利的地震，震級達到芮氏9.5級，隨後才是分別發生在阿拉斯加威廉王子灣（一九六四年，芮氏9.2級）、阿拉斯加亞德爾亞若諾夫群島（一九五七年，芮氏9.1級）、俄羅斯堪察加半島（一九五二年，芮氏9.0級）的大地震。

由於印度洋大地震的震央位於海域，地震本身造成人員和財產的損失相對有限，然而地震卻引發了巨浪，那高達十公尺的海嘯為沿岸地區帶來了可怕的災難。強震過後，截至翌日零時時分的統計，南亞海嘯已在印度、斯里蘭卡、孟加拉、印尼、泰國、馬來西亞、緬甸和馬爾地夫等國造成數千人死亡，受傷和失蹤者人數更是驚人。目擊者向印尼雅加達電臺表示，北部的亞齊特別行政區至少有數百人死於地震和隨後引發的海嘯。在高達十公尺巨浪的襲擊下，當地有多家商店和小型建築物倒塌，數千人在驚慌中撤離家園。

斯里蘭卡受災程度最為嚴重，斯里蘭卡的國內報導說，從該島國東部沿海城市亭可馬利（Trincomalee）到位於南部的首都可倫坡（Colombo），這一段超過八百公里長的海岸線全線遭到海嘯巨浪襲擊，部分地區的海浪高度甚至超過五公尺。沿線的旅遊勝地也遭到嚴重傷害，多數被淹；斯里蘭卡北部的穆塔爾（Muttur）和亭可馬利地區的部分地區也遭到重創。印度南部泰米爾納都省（Tamil Nadu）的迷人海灘，在海嘯襲擊後簡直成了露天停屍場，海浪捲著屍體沖向岸邊，屍體最終被留在沙灘上，慘不忍睹。地震過後不久，該國內政部便公佈，印

度南部至少已有兩千人於海嘯和洪水中喪生。

　　海嘯形成的巨浪像一頭猛獸，亦迅速撲向泰國南部地區，泰國知名的旅遊景點普吉、攀牙府、喀比府全都未能倖免，其中又以普吉島受災情況最嚴重。當時，地震剛發生沒多久的統計數字表示，海嘯在泰國至少造成三百人死亡，超過兩千人受傷，死傷者包括多名外國遊客。而馬來西亞政府在震後召開記者會時則提到，以馬來西亞西北部的檳城和吉打州受災情況最嚴重，共有四十二人被巨浪奪走性命，其中同樣包括多名外國人。此外，海嘯還襲擊了印度洋的珊瑚島國馬爾地夫，該國首都馬列（Malé）也受到海水大淹。馬爾地夫境內有卅三萬人口，約十一萬人居住在馬列，那裡有三分之二的範圍被淹，部分地區水深更達一點二公尺。

2. 一九二〇年中國甘肅大地震，宛如龐貝城遭吞

　　二〇〇四年十二月廿六日上午，印尼蘇門答臘島附近海域發生了一場近百年來罕見的強烈地震——印度洋大地震（即南亞海嘯）。據美國地質探勘局公佈的報告，該地震的震級高達芮氏8.9級（最後確定震級為9.3），是自一九六〇年以來發生的最強烈地震。地震引發高達十公尺的海嘯，海浪向附近東南亞國家的沿海地區呼嘯而去。地震加上海嘯造成了極為嚴重的

人員傷亡和財產損失，印度、斯里蘭卡、孟加拉、印尼、泰國、馬來西亞和馬爾地夫等國死亡人數將近廿萬人，受傷和失蹤者人數更是多達五十三萬人。

而歷史上似乎也有驚人的巧合——在發生印度洋大地震／南亞海嘯的八十五年前，同樣是十二月份，中國也發生過一次震驚全球的地震。那是一九二○年十二月十六日晚間七點六分，在如今寧夏回族自治區南部的西安州地區發生了8.5級大地震。據當時資料記載，多達九十六個國家的地震監測站臺曾記錄下這場地震，有感範圍亦超過大半個中國——北京的電燈搖晃，上海也有震感，廣東汕頭的外國郵輪感受到水波震動，就連越南海防單位的天文鐘都停擺。且地震的表面波繞了地球兩圈，日本設置在東京的一個放大倍數並不太大的地震儀，便在地震波繞過地球第一圈時記錄了下來，衰減後的地震波繞地球第二圈時，又讓這個地震儀記錄下來，令當時全球的地震學界人士驚訝不已。

一九二○年十二月十六日，發生在中國甘肅的這場地震造成了巨大的破壞，震央位於海原縣的乾鹽池湖附近。極震區的中心地帶為海原，中心強度為12度。極震區的邊緣地區為固原、隆德、西吉、景泰、會寧、靖遠六個縣。強度10度以上的面積為十萬平方公里；強度8度以上波及陝西西部，共四十八個縣，約為廿餘萬平方公里；有感範圍更大，面積為四百萬平方公里，占全國總面積百分之四十。極震區東起固原、經西吉、海原、靖遠等縣，西止景泰縣，長兩百二十公里，面積達

兩萬餘平方公里。地震時，這裡山崩地裂，河流壅塞，交通斷絕，房屋倒塌，景象十分淒慘。破壞最嚴重地區的烈度竟達12度，當時記載的死亡人數是廿三萬。

這場地震引發了全世界的關注。約瑟夫·W·霍爾在國際救災委員會的贊助下，於一九二一年三月首先前往災區考察。透過他的大量報導，才使中國的官員和沿海城市民眾知道位於中國內陸甘肅省的這個偏遠地區到底發生了什麼事。一九二二年，美國《國家地理雜誌》第十二卷第五期發表〈在山走動的地方〉專文，大篇幅報導該次大地震——「山峰在夜幕下移動，山崩如瀑布般一瀉而下，巨大的地裂吞沒了房屋、駝隊，村莊在一片起伏鬆軟的土海中消失得無影無蹤。這就是在一九二〇年十二月十六日發生在中國甘肅大地震中的一些景象……就像羅馬歷史學家講述龐貝城不可思議地消失那樣，前往災區的考察者們亦這樣描述了他們的所見所聞。」

3. 佛舍利一走，地震就來

從陝西法門寺恭請到臺灣的佛指舍利前腳剛走，地震就來？

臺灣於二〇〇二年發生的「331地震」與一九九九年的「921地震」，相隔了——九百廿一天，這是巧合嗎？二〇〇二年三月卅一日，臺灣發生了規模6.8的地震，再度引起國際

社會關注。該地震造成多人死亡，兩百七十二人受傷，以臺北市受創最嚴重，信義區一處施工中的金融大樓（即臺北101大樓）傳出五死十九傷的災情；承德路三段民宅下陷，也一度造成七人受困，幸好在當天傍晚全部平安救出。該地震災情，光是臺北市就有兩百多人受傷，其餘傷者零星分散在花蓮縣、宜蘭縣、桃園中正機場（現在的臺灣桃園機場）等地，人們多半是遭掉落物品砸傷；臺北縣部分則有兩棟民房倒塌。這場有驚無險的地震共引發——廿六起瓦斯外洩、五起火災、廿四起電梯受困事件，幸好未釀成重大災情，電力、瓦斯、電信、油料管線等系統，經檢修後一切正常。

網路，自然是最快速的傳播工具之一，地震發生後，臺灣境內各網站馬上成立討論區，匯聚來自世界各地的消息，傳播效率並未受到電話線路擠塞的影響。住在加拿大、香港的民眾因無法以電話聯繫上臺灣的家人，便在網路上發表短文探聽消息，亟欲得知親人居住的區域是否發生重大災害。

「331地震」的確讓人恐慌地回想起「921地震」的情景，有位網友指出，地震時他正在看電影，剛開始搖晃得很嚴重，雖然戲院裡沒有發生騷動，但他直覺就聯想到「921地震」，內心有點小恐慌，他希望這次的地震不會造成太大傷亡。另一位網友則表示，地震時她正陪著小學二年級的妹妹在美容院理髮，她妹妹從出生後就沒剪過頭髮，之前還特地查看黃曆，選在這一天動刀，想不到竟遇上地震。妹妹當時還圍著兜兜和她一起衝出去，髮型師則在後面追著要她們回去。

從大陸陝西法門寺恭迎來臺的佛指舍利，二○○二年三月卅一日上午才剛離開臺灣，下午就發生地震，兩者之間有關聯嗎？這個問題當時在兩岸的網路上引起了廣泛討論。有臺灣網友認為，佛指一走災難就來，最好再把它迎回來，臺灣才會比較安全。一位大陸網友則斥為無稽之談，因為佛指舍利過去一直都在大陸，但大陸每年也同樣有天災人禍。另外，「921地震」與「331地震」的發生日期，剛好相隔九百廿一天，這是純然的巧合還是蘊藏著天機，著實耐人尋味。

4. 同一批人海上連續遇難五次

一八二九年十月十六日早晨，一艘名叫「瑪梅德」的英國快速帆船載著廿一名水手，乘風破浪駛出了雪梨港。

帆船出發後，連續四天都是風和日麗的好天氣，但到了第五天下午，烏雲密佈，天氣驟變。入夜，狂風大作，海面掀起了驚濤駭浪。一場大風暴颳翻了帆船，船員全部落水，他們拚著性命與狂風惡浪進行頑強的搏鬥。值得慶幸的是，幾個小時後，精疲力盡的船員們發現前方海面上有塊突出的礁岩，大夥紛紛朝它游去，攀上礁岩，等待救援。

三天後，一艘名叫「斯依芙特修亞」的輪船通過附近海面時發現了這些遇難者，便將他們全都搭救上船。死裡逃生的船員們，心情自然非常激動。誰知到了第三天，斯依芙特修亞號

也遭到厄運，陷入強大的海流之中，被捲上淺灘，擱淺翻船了。但非常巧的是，過了八個小時，嘎巴拿‧萊迪號輪船從淺灘旁駛過，救起了所有的船員。

但是，災難並沒有停止。嘎巴拿‧萊迪號僅航行了三個小時，船上便發生火災，熊熊烈火吞噬了一切。船員們幾乎孑然一身，乘上救生艇倉皇逃命。他們在大海上漂流，又冷又餓，突然，有人喊了起來，原來有艘隸屬澳洲政府的單桅快艇「庫梅特」號正朝他們駛來，船員們又再次獲救了。

船員們以爲從此沒事了，可是過沒多久，庫梅特號又遇到風暴，在海上沉沒。命運似乎在戲弄他們。十八個小時後，這些在海上苦苦掙扎的遇難者又奇蹟般地被「丘比特」號郵輪發現、救起。人們以爲這次總算徹底擺脫了死神，但出乎意料，丘比特號又撞上了暗礁，五名船長和一百廿三名船員再度落水。絕望之際，再次出現救星！英國郵輪「希蒂‧奧普‧里茲」號正好經過附近海面，船員們第五次獲救，而且是——眞正的獲救。

眞令人不可思議，在不到兩個星期內，這些船員竟然五次遇難，五次獲救，幸運的是，沒有一個人死亡！更叫人吃驚的是，在希蒂‧奧普‧里茲號上有個身患重疾的婦女，她在生命垂危之際頻頻呼喚兒子的姓名。醫生見狀，想找人頂替她的兒子安慰病人。正在此時，船員之中有人自稱是婦人的兒子。果然，婦人一眼就認出那正是自己闊別多年、朝思暮想的親骨肉，當場病好了一大半……

5. 觸霉頭的災難電影

已逝的導演、編劇兼製片家厄文・艾倫（Irwin Allen）生前專攻災難電影，而電影上演時也往往發生同類型的災難。

舊版的《海神號》（The Poseidon Adventure）描寫大型郵輪「海神號」在新年前夕遭遇大風浪，船隻整個翻覆，船上大批乘客千方百計逃生；其中，以牧師吉恩・哈克曼為首的一組人同心協力越過重重障礙爬到水面上，成為少數戰勝災難的生還者。該片在一九七二年下半年上演，同一年，英國豪華郵輪「伊麗莎白皇后」號沉沒。

一九七四年上演的《火燒摩天樓》（The Towering Inferno），劇情描述摩天樓發生大火。真實情況是，這一年巴西有三幢摩天樓失火，巴西聖保羅焦瑪大廈的火災，有一百八十八人喪生火場。

火山爆發片《聖海倫火山》（When Time Ran Out）於一九八〇年上演時，位於美國西北部華盛頓州的聖海倫火山也剛好爆發。聖海倫火山是相當知名的觀光景點，圓錐形的峰巒及其頗有特色的雪冠，在一片美麗的森林景觀上巍巍地隆起。

一九八〇年三月十八日，聖海倫火山的外貌從此永遠地改變了。此間的人們早已預料到可能要發生火山噴發，因為好幾個月來，火山一直隆隆作響，火山上空不時出現小片水汽和火山灰雲。但沒有人料想得到，聖海倫火山的噴發竟釀成如此巨大的災難。火山爆發時，山頂整個被掀掉了，留下一個巨大的

裂口。燃燒中的火山灰和有毒氣體橫掃整個風景區，沿途的一切蕩然無存。火山峰冰雪融化，將挾帶碎石、泥沙的水流沖入山下谷地，遭受破壞的地區綿延了三萬兩千公里，洪水更摧毀了橋梁，不過令人驚訝的是死亡人數為六十三人，真是不幸中的大幸。而聖海倫火山的高度，也從噴發前的兩千九百五十公尺減至後來的兩千五百六十公尺。這些神奇的巧合使得人們認定，厄文‧艾倫所拍的電影簡直就是觸霉頭的災難電影。

無獨有偶，二〇〇四年全球熱映的好萊塢大片《明天過後》（The Day After Tomorrow），竟然也與二〇〇四年十二月廿六日發生的印度洋大地震（即南亞海嘯），驚人的相似。

6. 倒楣的死亡之船

號稱四萬噸級的「沙恩霍斯特」號（Scharnhorst）巡洋艦，是希特勒當年徵召科學家們全力建造的，船上配備了最新式的電子裝置，該船艦航速之快、戰力之強，連當時世上最龐大的英國艦艇也無可比擬，堪稱海中之王。然而它卻從開始建造直至最後毀滅，倒楣事接二連三不斷發生。因此，它也是德軍最忌諱、人稱世上「最倒楣的船」。

最初，當該船艦工事進行了三分之二時，船體竟無緣無故突然斷裂，造成在場六十一人死亡，一百一十人受傷。而當船體重新修造完畢，即將舉行下水典禮時，這艘巡洋艦卻在前一

晚神不知鬼不覺地自己離港，還撞壞兩艘浮船。

後來，在炮轟波蘭海港城市但澤（Danzig）時，人家尚且未抵抗，「沙恩霍斯特」號的艦炮炮門就突然破裂，造成九名水兵死亡，十一名炮手也因炮塔的換氣裝置故障而喪生。此船艦於突襲挪威的奧斯陸時也遭到猛力炮擊，官兵死傷慘重，且艦上嚴重失火，幾乎導致沉沒，幸好友艦「格奈森瑙」號（Gneisenau）大力協助，才好不容易脫險。而當它安靜回航穿行於易北河時，又在伸手不見五指的夜色中與世上最大的郵輪「布萊蒙」號（Bremen）撞個正著。布萊蒙號因而沉沒，「沙恩霍斯特」號自己也受到重創。

待這艘戰艦花了很多精力修復後，才剛駛出易北河不久，又遭英國艦隊劈頭蓋腦地轟擊，這回，「沙恩霍斯特」號徹底葬身大海，僅兩人乘橡皮艇逃離劫難，艦上其他官兵全都陣亡在冰冷的北海上。數年後，人們於一處礁岩發現那兩個人的骨骸，調查顯示他們死於克難維生用的小型火爐爆炸案。看來，他們雖逃離了英軍之手與冰冷海水，卻難逃「沙恩霍斯特」號的詛咒。

7. 太空梭爆炸案的猶太背景

二〇〇三年二月六日，美國「哥倫比亞」號太空梭在高空中分裂解體，導致七人死亡。這起震驚世界的意外事件立刻令

人聯想到——十七年前的約莫同時，也就是一九八六年一月廿八日，升空即爆炸的「挑戰者」號悲劇。經過比較後發現，兩起爆炸案有著驚人的相似之處，媒體認為這些巧合簡直是小說也杜撰不出來的情節。

紐約1010頻道的「天天贏」電臺說，哥倫比亞號之所以特地選在挑戰者號升空週年發射，是為了紀念當年那一組太空人。挑戰者號搭載的七名太空人來自美國各種族並擁有不同膚色，而哥倫比亞號上的七名太空人也具備不同種族背景，其中包括一名在印度出生的美國人，和以色列的第一位太空人。其他驚奇的巧合包括——載著以色列空軍上校拉蒙（Ilan Ramon）的那具飛行器，是在德州東部一個叫做「巴勒斯坦」的小鎮上空爆炸裂解。《紐約時報》說，這些驚人的巧合就連小說也杜撰不出。

此外，拉蒙也是以色列第一位出太空任務的太空人，不過他並非第一位進行太空任務的猶太人，在他之前，有位女性科學家萊斯尼克（Judith Resnik）參與了挑戰者號的太空任務，但萊斯尼克也不幸喪命於挑戰者號的爆炸事件。此外，拉蒙雖不是第一個登上太空的猶太人，卻是太空總署第一次准許太空人攜帶猶太食物上太空的例子。當時，四十八歲的拉蒙曾擔任以色列空軍戰鬥機飛行員，且曾參與一九七三年以色列與阿拉伯國家之間的戰爭。

拉蒙的母親於第二次世界大戰期間，曾遭納粹囚禁於波蘭的奧斯威辛集中營（Auschwitz Camp），被帶至該集中營的猶

太人多數遭屠殺，但拉蒙的母親最後幸未遭到毒手。拉蒙於是特地攜帶一張由猶太男孩金茲十四歲那年在奧斯威辛集中營遇害前完成的畫作，登上哥倫比亞號太空梭。紐約的天天贏電臺報導提到，拉蒙寄給家人的最後一封電子郵件說，太空之旅無限平靜，他真希望——「永遠待在太空」。儘管如此，兩名猶太人先後於挑戰者號和哥倫比亞號太空梭爆炸案中罹難，仍頗耐人尋味⋯⋯。

挑戰者號太空梭升空爆炸後，當時的美國總統雷根曾說，在冒險擴大人類活動領域的過程中，這類痛苦事件在所難免，但「未來不屬於怯懦之人，而屬於勇者」。因而太空梭計畫停頓了兩、三年後又繼續執行。而對於哥倫比亞號的爆炸，時任美國總統的布希也稱，除了對這次的悲劇進行徹底檢討，太空梭計畫也將持續，「願上帝繼續保佑美國」。不過，哥倫比亞號是在太空執行長達十六天的任務後，於降落前十六分鐘解體，並非一升空即爆炸。巧的是，這兩架太空梭均搭載了七名太空人，且編制都是五男二女。

8. 「911恐怖攻擊」前的飛機撞樓演習？

據美國媒體於二〇〇二年八月廿一日的報導，他們的情報機構中央情報局（CIA）曾經在「911恐怖攻擊」發生前準備

進行一次飛機撞大樓的演習，以檢驗相關人員對突發事件的應變能力。

報導提到，按照中央情報局領導階層的設想，當天早晨會有一架發生機械故障的小型飛機，撞向他們在維吉尼亞總部四座大樓的其中一棟。當然，他們不會出動真的飛機，但為了模仿撞樓造成的破壞，將封閉一些樓梯及出口，讓所有的人自己想辦法逃生。

可是，沒想到還來不及展開演習，二〇〇一年九月十一日，紐約世界貿易中心就被兩架飛機撞上了。這是恐怖組織針對美國的大都會紐約和首都華盛頓，展開的計畫性恐怖攻擊行動——他們以劫來的飛機和炸彈攻擊紐約世界貿易中心和華盛頓一帶的政府機關，欲令美國政府陷入癱瘓。世界貿易中心這兩座高樓在爆炸起火後相繼倒塌，死傷慘重。華盛頓的政府機關被炸後亦冒出濃煙，情況危急。而同樣位於美國東岸的賓夕法尼亞州西部的匹茲堡，則有一架聯合航空公司的巨型客機離奇墜毀。

中央情報局的發言人表示：「很難相信會出現這樣的巧合，竟有幾架飛機真的撞向我們的建築物。當真的攻擊事件發生後，我們立刻取消了此次演習。」他還談及，他們已經為該次撞樓演習籌畫了好幾個月，只不過他們並未設想到讓恐怖份子在其中扮演任何角色……。

9. 坦克飛到半空擊中潛水艇

第二次世界大戰期間，英國運輸艦「奧立佛・伯朗奇」號是一艘非常現代化的運輸艦，它憑著現代化的技術與裝備爲戰爭立下了不少功勞，這不免讓運輸艦上的人開始有些粗心大意，他們不禁認爲這艘船艦可以所向無敵。

事實上卻不是這樣。

德國早就痛恨這艘運輸艦了，他們決定盡一切辦法除掉它。於是，德國派出一艘他們當時最好的潛艇去偷襲這艘英國運輸艦。運輸艦未有任何準備，也沒有任何防備，再加上德國人行動神速、目標準確，他們從水面下出奇不意地進行偷襲，將該艦炸得四分五裂。艦上的人全部遇難，一時間，殷血染紅了海面。

德國也因己方潛艇的偷襲行動成功，感到非常高興。他們爲自己的聰明而高興。就這樣，原本藏身水面下的他們覺得不夠過癮，便決定浮上水面好好慶賀一番。於是這艘德國潛艇得意忘形地潛出了水面，狂烈地慶賀著勝利。可是，他們卻不知道死神正悄悄跟在後面。

就在此時，那艘被炸裂的英艦上，有輛被轟上半空中的三噸重坦克車從天而降，恰恰擊落在浮出水面的潛艇上，一下子把潛艇劈爲兩半，致使潛艇上的官兵全部葬身海底。這個意外的巧合使人除了目瞪口呆，沒有任何話可以說──這也太巧了。

10. 被詛咒的跑車

美國已故電影明星詹姆斯‧狄恩在加州學習表演和法律時，偶然在一個電視節目中表演，從此便走紅。隨後他離開加州去了紐約，在百老匯名聲大噪。

詹姆斯‧狄恩輕柔自然的表演打動了華納兄弟娛樂公司，他們與狄恩簽了拍電影的合約。直到狄恩於一九五五年車禍去世之前，他一共演出了三部影片，其中兩部於狄恩死後才上映；《養子不教誰之過》《天倫夢覺》《巨人》這三部電影贏得了廣泛好評，讓美國人首次看到「另一種風格」的表演。藝術家沃安迪‧沃荷稱狄恩是──「我們這個年代受損又美麗的心靈代表」。

話說一九五五年，詹姆斯‧狄恩駕著自己的名牌跑車兜風時死於車禍。他那輛撞毀的跑車後來被拖到一間修理廠，在拆卸過程中，支撐車子用的千斤頂突然墜地，砸斷了一名修理師傅的腿。這部車的引擎後來被賣給一名醫生，醫生便將這具發動機安裝在自己的賽車上；詭異的是，這名醫生後來開著這輛賽車比賽時，死於車禍。也因為如此，有些人覺得詹姆斯‧狄恩的這輛跑車非常奇怪，似乎會帶給人災禍。不過，大多數人並不相信這種事，而且畢竟這是明星的車，哪怕只是一個零件，仍有很多人願意買。

可是不久後，另一個購買這部報廢汽車方向軸的賽車手也死於車禍。跑車的外殼讓人拿去展覽，展廳卻突然失火，事故

原因一直不明；還有一次甚至從展臺掉落，砸碎一名參觀者的
臀骨。這個時候，大家才相信詹姆斯·狄恩的這輛跑車應該真
的是被詛咒了。

11. 災難皆與天體擾動有關？

　　畢業於俄羅斯哈爾科夫工學院、拿到工程學博士的蘇哈列
夫教授，任教於克里米亞國立農業大學公共工程學系，他的專
業是應用力學，他表示自己從未對宇宙感到興趣。可是有一次
他突然注意到，現實生活中的一些重大災害，竟與多起天文預
報的不幸事件不謀而合，而且大都發生在「魔鬼日」。所謂
「魔鬼日」，星相界指的是陰曆中每個月的七個日子，即：一
日、四日、九日、十五日、十九日、廿三日、廿六日。

　　災害當然與所謂的「魔鬼」風馬牛不相及，做為一名從事
科學研究的人員，蘇哈列夫得出的結論是——有一種「干擾因
素」影響著我們的地球。他花了五年的時間加以研究，最後認
為地球之所以發生災害，根源是太陽系的九顆行星和它們的七
顆大衛星。蘇哈列夫將它們比擬成由十六枚發出低頻波的「音
叉」所組成的「樂團」，只不過它們發出的不是音波，而是重
力電磁波。這些行星和衛星雖是沿著自己的軌道不停地不同步
旋轉，但有時難免也會產生和音現象，意即一個波與另一個波
重合。蘇哈列夫稱這種現象為「天體波共振」。

當蘇哈列夫將地球上發生的大事和天體擾動現象進行比較時，他發現了許多巧合。像是，當火星和土星同時發生攝動，地球便發生幾乎可說是全球性的災難，以及十二次大型冰川作用；有趣的是，在不少民族的神話中，火星和土星的確都被視為最危險的行星。而水星和火星則是另一對破壞地球安寧的攝動體，它們的共振週期可稱得上是「流行病週期」。歷史上所有最可怕的流行病，像西元一二五年五月的奧羅西鼠疫、西元五四九年十月一日的查士丁尼鼠疫突發事件、西元一一八一年九月廿七日斷送一半人口性命的德國感冒大流行、西元一六五五年九月廿五日歐洲的毀滅性感冒，以及俄國、土耳其的鼠疫⋯⋯幾乎都得算在它們的帳上；有趣的是，西元一九三三年一月卅日阿道夫・希特勒上臺日，也與水星和火星有關，那正是它們共振的那一天。

　　宇宙中，火星和地球的二部合奏則可說是地球上發生水難的來源，由此引發的水難計有——世界大洪水、西元一三五八年歐洲各國的大洪水、西元一九五五年十月廿九日「新羅西斯克」號（Novorossiysk）戰列艦在俄國塞瓦斯托波爾海灣（Bay of Sevastopol）沉沒、二〇〇〇年八月十二日火力強大的俄國「庫爾斯克」號（K-141 KYPCK）核子潛艇在水底爆炸⋯⋯。

　　看來，蘇哈列夫的觀察與研究自有某種邏輯可言。

12. 甘迺迪家族的悲劇基因

　　向來擅長將成功人士和政治人物「明星化」的美國，「甘迺迪家族」的傳說可說是他們喜愛童話故事人生的極致表現。

　　來自愛爾蘭、信奉天主教的甘迺迪家族，曾經長期被排除在新英格蘭富有新教徒俱樂部之外。來到美國新大陸，甘迺迪家族的地位與皇室家庭相當，命運卻將甘迺迪家族暴發戶的傳奇變悲劇。

　　一九六三年，在約翰‧甘迺迪（John F. Kennedy）巡訪德州的兩個星期前，有一名極右派的將軍說甘迺迪是「自由世界的一個障礙」。而在甘迺迪遭暗殺當天，當地的《達拉斯晨報》曾刊出一則全版廣告，廣告版面就像周知什麼重要人物去世那樣，四周都被圍上了黑框，而且寫了個「歡迎光臨達拉斯，總統先生」別具挖苦意味的大標題，廣告內容則是向甘迺迪提出十二個問題，要求他為「成千上萬在美國受到監禁和監視的古巴人」負責，他還被質問「為何出售糧食給那些正在越南殺害美國士兵的一方」，以此明示總統與美國共產黨人達成了祕密協議。據說在甘迺迪遇害那天早上，甘迺迪和夫人賈桂琳都閱讀了這張報紙版面，甘迺迪還對妻子和一名親信顧問說：「今天，我們將去一個滿是瘋子的地方。但是，賈姬（賈桂琳的暱稱），如果有人要從高處的窗戶朝我開槍，任誰也無法防範，那還有什麼好擔憂的呢？」第二天早晨，全美的報紙都畫上了一個黑框。這難道是個巧合？

遇害當時，甘迺迪正舉手向人群示意。幾秒鐘後響起劇烈的槍聲，子彈打爆甘迺迪的頭。幾個小時後，他在醫院去世。按照官方說法，甘迺迪之死沒有什麼祕密，沒有「神奇」子彈，總而言之，沒有什麼陰謀，只有一個神經不太正常的殺手李・哈維・奧斯華（Lee Harvey Oswald）躲在一間書庫的六樓上。一九九三年，記者吉拉德・波斯納（Gerald Posner）出版《Case Closed》一書，他證實了只有一名殺手的這項調查判斷是可信的，他解釋：「大部分的美國人不願相信，李・哈維・奧斯華竟能以一種我們無法控制的方式影響我們的生活。一想到，那個年僅廿四歲、無法適應社會的失敗者，竟就這麼用一把廉價步槍結束了甘迺迪傳奇，這實在令人不安。」此外，與甘迺迪家族有關的不幸事件，還有以下——

　　・一九六九年七月十八日，愛德華・甘迺迪（Edward Moore "Ted" Kennedy）在夏帕魁迪克島酒宴之後，駕車墜橋，造成同行的年輕女助理柯普珍溺死車中。

　　・一九七三年八月，約瑟夫・甘迺迪（Joseph Patrick Kennedy II）因駕車發生車禍，造成其弟大衛・甘迺迪當時的女友凱莉終生癱瘓。

　　・一九八四年，約瑟夫・甘迺迪的弟弟大衛・甘迺迪（David Anthony Kennedy）在佛羅里達州棕櫚灘家族度假別墅附近的旅館，因吸毒過量暴斃。

　　・一九八六年，曾任眾議員的派屈克・甘迺迪（Patrick Joseph Kennedy II）還是個青少年時，曾因吸食古柯鹼成癮而

接受治療。

．一九九一年，威廉・甘迺迪（William Kennedy Smith）在甘迺迪家族的棕櫚灘府邸涉嫌強姦，後被判無罪。

．一九九七年十二月卅一日，麥可・甘迺迪（Michael LeMoyne Kennedy）於科羅拉多州的阿斯朋滑雪場意外喪生，傳聞他曾與家中的未成年保母長期有染。

．一九九九年七月十六日，隨著小約翰・甘迺迪（John F. Kennedy, Jr.）駕駛飛機一頭栽進海中，一個永遠談不盡的話題再次被炒得沸沸揚揚——這個知名家族爲何如此多災多難？

對此，以色列遺傳學家厄布斯坦提出一個新見解，他認爲甘迺迪家族的悲劇並非命運所致，而是由一種「冒險基因」所造成，這種基因容易讓人衝動、冒險，容易縱情於速度、毒品和性行爲，意即甘迺迪家族的成員之所以傾向從事「衝動、冒險、拚命」的活動，或許與這種天生的基因有很大關係——「我雖未能對他們家族進行試驗研究，但甘迺迪的家族史已然提供大量跡象，顯示他們身上帶有這種在以色列發現的基因。」厄布斯坦進一步表示。

13. 帶來厄運的公主木乃伊

三千多年前，埃及有位叫亞曼拉的公主去世後，遺體按照古埃及習俗製成木乃伊，葬在尼羅河旁的一座墓室之中。

一八九〇年末，四名英國年輕人來到埃及，當地的走私犯向他們兜售一具古埃及棺木，棺木中就是這位亞曼拉公主的木乃伊。其中最有錢的那個人以數千英鎊高價買下了這具木乃伊，從此，這位在古埃及歷史上默默無聞的公主，便為許多人帶來一連串離奇可怕的厄運。

買下木乃伊的那位英國人將棺木帶回旅館，幾個小時後，沒有人知道為什麼，這位買主竟無緣無故離開了飯店，走進附近的沙漠，從此消失蹤影，再也沒有回來。第二天，他的一位同伴在埃及街頭遭到槍擊，受了重傷，最後不得不切除手臂。其他兩個人也先後遭到厄運，一個是回國後無緣無故破產，另一個則生了重病，最後淪落街頭。

然而這具神祕的木乃伊後來還是被運回了英國，但沿途依舊怪事不斷。運到英國本土後，一位鍾愛古埃及文化的富商買下了它。不久後，富商的三名家人在一場離奇車禍中受了重傷，富商的豪宅也慘遭祝融。短短時間內經歷這些變故後，富商迫不得已，只好將這具木乃伊捐給大英博物館。

沒想到，在運送木乃伊入館的過程中，載貨卡車竟突然失去控制，撞傷了一名無辜的路人。接著，兩名運貨工人將公主的棺木抬入博物館時，不小心在樓梯間失手滑落了棺木，其中一名工人的腳被壓傷，另一個工人則在身體健康無恙的情況下，於兩天後無故死亡。

亞曼拉公主的棺木後來被安置在大英博物館的埃及陳列館中。陳列期間，夜間的守衛說經常在此棺木附近聽見敲擊聲和

哭泣聲；更有甚者，連陳列室的其他古物也常發出怪聲。不久之後，一名守衛在執勤時死去，嚇得其他守衛也打算集體辭職。由於怪事層出不窮，大英博物館最後決定將木乃伊放入地下貯藏室。但事實證明，這一切都是徒勞，因為一個星期還沒過完，決定將這具木乃伊送入地下室的博物館主管，便無緣無故送了命。

至此，這具充滿詛咒的木乃伊已經聲名大噪。一名前報社攝影記者特地深入地下室，為這具木乃伊拍了一些照片，結果卻在其中一張照片上沖洗出可怕的人臉。後來，實際情況如何沒人知道，只知道這名攝影記者於翌日被發現陳屍家中，死因是開槍自殺。

不久，大英博物館便將這具木乃伊送給一位收藏家，這位收藏家立即請了當時歐洲最有名的巫婆拉瓦茨基夫人為之驅邪。在經過繁雜的驅邪儀式後，拉瓦茨基夫人宣佈——這具木乃伊身上匯聚了驚人的邪惡能量，且表示要驅邪是不可能的，因為惡魔將永遠跟著這位公主，任何人都束手無策。最後，拉瓦茨基夫人對這位收藏家提出忠告——儘快將它脫手處理掉。

但是到了這個地步，已經沒有任何博物館願意接受亞曼拉公主的木乃伊，畢竟在過去十年裡，已有廿人因它而遭到不幸，甚至失去性命。

然而，故事至此並未畫上句號。不久之後，一名不信邪的美國考古學家不顧亞曼拉公主木乃伊的可怕傳說事蹟，仍花了一筆可觀的錢將它買下，並打算安置在紐約市。一九一二年四

月，由這位考古學家親自護送，將木乃伊運上一艘當時轟動造船界的巨輪，也就是「鐵達尼」號。為慎重起見，他還將木乃伊安置在船長室附近，希望它能安安穩穩地抵達紐約。可是，大家都知道——鐵達尼號最終沉沒了。

14. 全員遲到倖免於難

美國《生活》雜誌曾報導，阿比特麗斯市的某教堂唱詩班，訂於一九五○年三月一日晚間七點十五分進行唱詩排練。但是，當晚唱詩班的十五名成員全都遲到。

這十五個人之所以遲到自然各有原因。

有人說：「我的汽車發不動，也不知道是什麼原因。平時都好好的，而且今天上午我還開車出去溜達了一圈呢。」

有人說：「我是因為衣服來不及早點熨好。我本來是請媽媽熨，可是媽媽為了替妹妹紮頭髮，就忘了替我熨衣服，而且就連我自己也為了綁頭髮誤了熨衣服的事。我還為了這件事埋怨媽媽呢。」

有人說：「我同學突然來拜訪我，因為有三年多沒見面了，所以實在非常高興。我們聊呀聊，聊了許多以前的事，這些往事讓我們既興奮又悵惘。就這樣一聊聊太久，所以我就遲到了。我當然知道遲到是不好的，而且我也知道自己快遲到了，但就是不知為何，我竟沒早點結束這場小聚會。這跟平時

的我一點也不像。」

有人說：「我下午本來打算早一點過來排練的，可是因為中午沒吃午餐，我就跑去吃飯。結果吃飯時，有個粗心的服務生弄髒了我的衣服，我只好又跑回家去換衣服……」

但誰也沒想到的是，幸好七點十五分時，唱詩班成員一個也沒到，因為——教堂於七點廿五分爆炸。意即，這十五個人是因為遲到才全部倖免於難，逃過一劫。像這種十五個人同時遲到的離奇巧合，經過計算，恐怕在一百萬人次中才有一次。

15. 三位生還者湊巧同名

有些巧合神祕莫測，它們的發生殊難預料，不是用機率所能解釋。

一六六五年十二月五日，陽光明媚，一艘船在米內海峽航行。大家沐浴在陽光下愉快地曬著太陽，欣賞海峽周圍的美景。此番壯闊美景，讓人們消除了連日旅行的疲憊。大家快活地交談著。但令大家意想不到的是，這艘向來非常安全的船不幸捲入一個漩渦，然後沉沒。船上八十一名乘客，只有一個名叫休奇·威廉斯的人活了下來。至於為什麼只有他活了下來，至今還是一個謎。

一七八五年十二月五日，一艘載有六十名乘客的船隻在大海中快速航行。可是這一天霧太大了，這艘船不幸觸礁，一時

間，船就破了一個大洞，船身進了水。共五十九名乘客不幸遇難，只有一人生還。巧的是，這唯一的一名生還者居然也叫休奇·威廉斯。

又過了整整七十五年，即一八六○年十二月五日，一艘船正常地航行著。但誰也不知道究竟是何原因，船隻竟突然間就沉沒了。在下沉的過程中，人人絲毫未覺，而當大家都意識到此災難來臨時已經太遲了，船上有許多乘客因而喪生。不過，廿五名船員倒是全都倖存下來，而且其中一名船員也叫休奇·威廉斯。

人世間的各種「巧合」就像一道神祕的鎖鏈，把一連串的災禍繫在一起。世界上無時無刻不在發生各種離奇的巧合現象，而它們並不屬於「機率」的範疇，但有誰能提出令人滿意的科學解釋呢？也許，只有「命理」這把鑰匙才能打開巧合這扇神祕的大門吧！

16. 世界四座城市同時遭到攻擊

二○○四年，從十月七日晚間七點到十月八日凌晨五點這段時間，伊拉克首都巴格達、阿富汗首都喀布爾、法國首都巴黎，和埃及旅遊勝地西奈均遭到程度不等的恐怖攻擊。這難道是巧合嗎？

十月七日晚間七點，位於伊拉克首都巴格達市中心的喜來

登酒店，遭到武裝人員攻擊。兩枚火箭彈落在酒店附近，隨後從鄰近的底格里斯河和美國駐伊大使館附近傳來激烈槍聲。據附近巴勒斯坦飯店的警衛人員說，槍聲大概持續了十分鐘，而美軍基地附近也有槍聲傳來。

十月八日凌晨一點半左右，有兩枚火箭彈落在美國駐阿富汗使館附近。第一枚火箭彈擊中了使館區大選媒體登記站附近的一處停車場，距離美國大使館約兩、三百公尺，但沒有造成人員傷亡。

十月八日清晨，一枚裝有自動引爆裝置的中型炸彈在巴黎的印尼大使館前爆炸，造成十個人受到輕重傷，傷者之中包括五名使館人員。這枚炸彈被安置在大使館前不遠處，以旗子掩蓋著。這場劇烈爆炸在現場留下了一個大坑洞，方圓三十公尺內的一些建築物玻璃也遭震碎。

還有這幾年來，俄羅斯的一連串恐怖事件、西班牙的「311大爆炸」，以及印尼、沙烏地阿拉伯、摩洛哥、土耳其等國境內發生的多起慘案，均蒙上組織化行動的陰影。更具殺傷與衝擊力的攻擊逐漸成為趨勢，以有系統組織為核心的全球恐怖勢力正在暗中合流，四處蔓延……。

17. 通古斯爆炸與廣島原爆驚人相似

一九○八年六月卅日凌晨，俄國西伯利亞森林的通古斯河

畔（Tunguska River）突然爆出一聲巨響，巨大的蘑菇雲騰空而起，天空出現了強烈的白光，氣溫瞬間灼熱烤人，爆炸中心區草木均燒焦，就連七十公里距離外的人們也受到嚴重灼傷，更有人被巨大聲響震聾了耳朵。這次爆炸不僅令附近居民感到驚恐萬分，而且影響所及也遠達其他國家——英國倫敦有許多電燈驟然熄滅，形成一片黑暗；歐陸許多國家的人們，在夜空中看到了白晝般的閃光；就連遠在大西洋彼岸的美國人，也感覺到大地在抖動……

當時，俄國的沙皇政權正處在風雨飄搖之中，實無力對此進行調查。人們籠統地把這次爆炸稱為「通古斯大爆炸」（Tunguska Blast）。直到十月革命後，蘇維埃政權才於一九二一年指派科學家庫利克（Leonid Kulik）率領考察隊前往通古斯地區考察，不過他們並未找到爆炸的真正原因。後來，庫利克又兩次率隊前往通古斯，並進行了空中勘測，發現爆炸造成的破壞面積竟廣達兩萬多平方公里。同時人們還發現了許多奇怪現象，如爆炸中心區的樹木並未全部倒下，只是樹葉被燒焦；爆炸地區的樹木生長速度加快，年輪寬度由零點四～二毫米增加到五毫米以上（十毫米＝一公分）；爆炸地區的馴鹿都患了一種奇怪的皮膚病等等。不久，第二次世界大戰爆發，庫利克投筆從戎，在反法西斯戰爭中獻出了他寶貴的生命。至此，前蘇聯對通古斯大爆炸的考察也被迫中止。

大戰結束後，一名科幻小說家兼幽浮研究者卡札謝夫（Alexander Kazantsev）訪問日本。一九四五年十二月，他到

達廣島，美國於四個月前在此投下了原子彈。看著廣島的廢墟，卡札謝夫頓然想起通古斯大爆炸，他發現兩者之間顯然有眾多相似之處——爆炸中心區受到破壞，樹木依然直立而未倒下；爆炸中，人畜的死亡是核輻射燒傷所造成；爆炸產生的蘑菇雲形狀相同，只是通古斯大爆炸還要大得多。尤其是在通古斯拍到的那些枯樹林立、枝幹燒焦的照片，看上去與廣島的情形十分相似。為什麼會這麼相像呢？

因此，卡札謝夫產生了一個大膽的想法——通古斯大爆炸，是一艘由外星人駕駛的核動力太空船在降落過程中發生故障，而引起的一場核能爆炸。此論一出，立刻在前蘇聯科學界引起了強烈反應。大家議論紛紛，各持觀點。直到今天，通古斯大爆炸與廣島廢墟的神祕巧合，對大家來說仍然是個謎。

18. 相隔「911」天的兩起爆炸案

據英國《泰晤士報》報導，二○○四年三月十一日馬德里連環爆炸案發生後，不少有心人士驚訝地發現，爆炸當天恰好與二○○一年美國紐約發生「911恐怖攻擊」那天，相隔了整整九百一十一天。不少西班牙人因此將二○○四年三月十一日這一天稱作——「西班牙的911」。「311」與「911」這兩起爆炸案正好相隔九百一十一天，是純屬巧合，還是幕後凶手的刻意安排？

二〇〇四年三月十三日，據西班牙國家電臺報導，兩天前發生於馬德里的爆炸事件死亡人數已增加爲兩百人，而第一百九十九名遇難者是一名才七個月大的波蘭女嬰。

　　這名七個月大的女嬰叫做派特里卡，爆炸發生後，救援人員在埃爾・波佐（El Pozo）火車站的月臺發現她受了傷，但她的父母不在身邊。十二日下午，這名女嬰死去了。派特里卡原本將會是西班牙的新居民；她的父母都是波蘭人，他們來到馬德里是想給小派特里卡一個更好的未來。如今，小派特里卡再也看不到未來，她的父親或許也看不到了，因爲直到十二日晚間依舊沒有女嬰父親的消息，而女嬰的母親仍依靠維生系統支撐著。

　　德國《焦點》週刊於十三日援引德國聯邦刑偵局的消息報導，西班牙民族分裂組織「埃塔」曾在一封寫給德國旅遊機構的信件中，發出攻擊警告。報導指出，「埃塔」組織在信中明確宣佈，攻擊行動將發生在「旅遊領域」。而在二〇〇四年二月四日，德國科隆一家旅遊業著首先收到「埃塔」發出的警告信。兩天後，德國最大的旅遊業者TUI，他們位於漢諾威的辦事處也收到了內容相同的警告信。時任西班牙總理的阿斯納爾（José María Aznar）於十二日表示，雖然馬德里發生了一連串爆炸案，但國會和總理大選仍將如期於十四日舉行。輿論則認爲，在這種形勢下，爆炸案似乎是影響大選結果的關鍵因素……。

19. 毫無「希望」的災難鑽石

世界上最知名的鑽石，要算是那顆名叫「希望」的金剛鑽了。「希望」鑽石重量約為一百一十二點二三克拉，原產於印度，後被偷竊，運到法國，由寶石商塔威爾尼耶（Jean Baptiste Tavernier）買下。

由於這顆鑽石實在太有名了，被法國國王路易十四知道後，便買下。路易十四下令將它琢磨成兩塊心形鑽石，每顆重量約六十七克拉，稱為「王冠上的藍鑽石」。路易十四逝世後，鑽石由路易十六及王后瑪麗·安東妮繼承。一七八九年，法國爆發資產階級大革命，路易十六及王后被送上斷頭臺，「希望」鑽石也與其他王室珍寶一起被政府沒收封存。

一七九二年，這顆「希望」鑽石又再次被盜，並曾一度銷聲匿跡，直到一八三○年才又於倫敦重新出現。此時，這顆鑽石的重量為四十四點五克拉，由英國銀行家霍普（Henry Thomas Hope）以九萬英鎊高價買下，後來由家族後人法蘭西斯·霍普爵士（Lord Francis Hope）繼承，但過沒幾年，這個人就破產了。

從此，鑽石流入東歐。有位王子曾將它贈給一位女演員，若干年後，這位女演員被王子開槍打死。後來，鑽石一度為一名希臘富商所擁有，但他在一次可怕的車禍中喪生。鑽石旋即落入土耳其蘇丹哈米德二世（Abdul Hamid II）手中。他得到這顆鑽石才九個月，就發生了一九○九年由青年土耳其黨發動

的軍事政變，這位蘇丹被趕下臺。

後來，伊芙琳‧麥克林（Evalyn Walsh McLean）成了第一個擁有「希望」鑽石的美國人。她請人將它製成一串由六十二顆白鑽石組成的項鍊，並交由法國知名首飾工匠卡地亞（Pierre Cartier）進行加工，富有的麥克林夫人為此支付了十八萬英鎊。而後當她戴著這串價值連城的項鍊到處炫耀時，沒想到竟連連遭到不幸——兩個兒子相繼死亡，丈夫罹患精神病。一九四七年，麥克林夫人死後，珠寶商海瑞‧溫斯頓（Harry Winston）買下她所有的珠寶，其中也包括「希望」鑽石。一九五八年，他將「希望」鑽石捐給了位於美國華府的史密森尼博物館（Smithsonian National Museum of Natural History）。

20. 日本天文學家改行預測地震

一九九三年八月的一個夜晚，正在記錄超高頻無線電波（VHF）變化、追蹤太空隕石的天文學家串田嘉男，發現記錄儀上出現了一連串「很特別的基線波動」。最初他以為是設備發生故障，便未多加在意；一九九五年一月中旬，這種電波波動與地震的「巧合」重演，他仍未在意，直到兩天後，也就是一月十七日，他打開電視機——看到慘不忍睹的畫面「神戶大地震導致六千四百人喪生，近五十萬人無家可歸」。

「我被徹底震懾住了，往後的幾天我一直在想，如果我能嚴肅看待自己的工作，也許很多人還能活著。」串田隨即召開記者會宣佈自己的發現，但地震專家對此全是嘲笑與不屑一顧。面對地震科學家的敵意及媒體的嘲弄，串田並不灰心，而是決定放手一搏。他放棄了對彗星的研究（儘管在此之前他已發現了兩顆彗星），轉而一心撲向地震預報。

目前，地球每年會發生好幾千次地震，其中震級在芮氏7級以上的強震約十多次。在過去一個世紀裡，世界各國均為地震研究投入不計其數的人力與物力，研究對象更是無所不包，如岩石、地面溫度、地下水水位、太陽黑子、月亮、潮汐，乃至狗、鯰魚的異常行為，概而言之，幾乎所有與地震預測可能的相關現象均為地震研究的範圍。但專家們仍舊無計可施。

一九九七年，地震學界的四位扛鼎學者蓋勒（R．J．Geller）、傑克遜（D. D. Jackson）、凱根（Y. Y. Kagan）、穆拉吉亞（F. Mulargia）在《科學》雜誌聯合發表論文斷言——「地震是無法預測的」。但串田並不認同這個說法。串田的妻子齡龜是日本首屈一指的超新星專家，當串田決定開始預測地震後，她便全力支持丈夫——這對夫婦於一九九五年籌措了一千萬日元（約合三百萬臺幣），以購置新設備。二〇〇三年時，串田曾驕傲地宣稱，過去近十年來，他至少準確預測了卅六次大地震。而在二〇〇三年八月，儀器突然又發出信號，串田據此預言——「超強地震將在九月十六日或十七日襲擊東京，前後誤差各兩天。」九月廿日，日本東京地區確實於臺北

時間十一點五十五分，發生芮氏規模5.5的地震，似真的印證了地震與電波的關聯性。

21. 能預測地震的奇人

二〇〇四年十一月八日深夜，臺灣發生芮氏6.7級地震。據媒體報導，島內一名號稱具有「預知能力」的李振吉先生出面表示，在此之前他的耳鳴便已發出了地震預告。為證實自己絕非事後諸葛，他拿出了八日早晨八點多貼在網路上、警告網友與臺灣氣象單位的訊息當做證據，並告知媒體這項重要訊息，卻未受氣象單位理睬。

消息傳出，島內輿論再次譁然。事實上，自從臺灣於十月接連發生兩次強烈有感地震後，有關地震的「預言」在島內一直沒有停止過。家住臺中的保險經理李振吉表示自己「能藉由耳鳴預測地震」。根據李振吉的說法，每次地震前他都會感到強烈的耳鳴，而且他已準確預言臺灣發生過的大大小小地震，包括一九九九年的「921大地震」。他向媒體表示，十一月八日清晨四點鐘左右，他的耳鳴又發作了，聲音與上次發生芮氏6.2級地震前的耳鳴聲音差不多，於是他再也睡不著，當日一早便透過網路將這項「預測」發送給網友和氣象局，認為三日內必有地震，結果八日晚間真的發生了地震。

事實上，李振吉早已因這項「特異功能」而被媒體報導，

成了名人，找他預知地震的電話煩不勝煩。還有其他聲稱自己也能預知地震的「專家」，也搭上了媒體的順風車，一時間「預言」滿天飛，搞得人心惶惶。但氣象單位則不以為然，他們發文提醒，隨便預測地震發生，除了可能遭氣象法處罰，也可能按社會秩序維護法處罰，希望媒體不要推波助瀾，為這些不負責任、沒有根據的預測提供舞臺。但諷刺的是，耳鳴奇人此次的確預言了八日發生的地震，而氣象局自己卻擺了烏龍。

地震中心原先公佈的地震時間是深夜十一點五十五分，規模芮氏5.7級，震央在宜蘭南澳地震站西北方一公里，深度約十九公里。但重新更正後的地震時間提早到深夜十一點五十四分，規模達芮氏6.7級，震央在花蓮市地震站東方九十六點六公里，深度十公里。然而，規模5.7與規模6.7的地震釋放出的能量差異很大，這種預測令人們感到非常詫異。對此，氣象局解釋，地震之所以偵測失誤，主要是因為一分鐘內發生兩個地震，原先發生的小地震受到之後較大地震定位的影響，所以才會有地震規模、震央不同的差異。

也有研究專家認為，那些能預知地震的奇人異士，不見得真有什麼特異功能，可能只是具備了「災難症候群」的人格特質，他們一看到大地震的畫面就會緊張，進而引起耳鳴或其他生理反應，然後再將這種生理反應與地震加以聯想。意即，這些預言只能說是純屬巧合而已。

22. 預言災難的報紙

　　通常，預言或預知這種消息的傳出，往往都在大事件發生之後，而有事後諸葛或穿鑿附會之嫌，但偶爾也有「事件未發生，即先公佈」的預言。

　　像是那個把自己的命運與「鐵達尼」號連在一起的英國知名記者史狄德（William Thomas Stead），他曾寫過一篇郵輪撞冰山的故事，講述撞上冰山的郵輪因船上攜帶的救生艇不足而釀成悲劇。作者在故事的最後還加了一段預言性的話語──「如果郵輪未配備足夠的救生艇便出航，這種事故說不定真的會發生，不，肯定會發生。」顯然，史狄德心裡早有不祥預感，但他是否也因此預知了自己的未來？的確，在「鐵達尼號」沉船事件中，正是因為船上攜帶的救生艇不足而導致許多人罹難。史狄德虛構的故事真的變成了現實。諷刺的是，史狄德自己也登上了這艘郵輪，成了遇難者。

　　此外，也曾有報紙偶然公佈了災難預言。一九七八年十二月六日，蘇格蘭一家報紙刊登了標題為「預言者無票乘車」的消息，內容是威爾斯有個失業的人名叫愛德華·皮爾遜（Edward Pearson），他於十二月四日搭乘從因凡尼斯（Inverness）到伯斯（Perth）的火車，因沒有買票而受到伯斯地方法院起訴。據說，他乘車的目的是想去找環保署署長，預報格拉斯哥（Glasgow）即將受到地震襲擊的消息。

　　但顯然沒人相信地震會發生，因為英國很少發生地震，大

家都覺得那只是搭霸王車的一個藉口而已。可是，幾週後的一個夜晚，大地震果眞襲擊了格拉斯哥，且對蘇格蘭各地的建築物造成巨大損害。預言者愛德華・皮爾遜因此成爲大名人。

23. 「鐵達尼」號沉沒早有凶兆

　　超級郵輪「鐵達尼號」沉沒的悲慘故事，因爲被好萊塢拍成災難愛情片而風靡全世界。然而這艘巨輪的悲劇，卻早在十九世紀末就顯現出凶兆。

　　一八九八年，有位英國作家摩根・羅伯森（Morgan Robertson）寫了一本名叫《Futility, or the Wreck of the Titan》的小說。小說敘述一艘號稱永不沉沒、名爲「泰坦」號（Titan）的豪華巨輪，準備從英國展開首航，駛向大西洋彼岸的美國。這是人類航海史上空前巨大也最豪華的客輪，船上裝備了當時力所能及的一切華貴設施，滿船乘載的幾乎都是有錢人，人們在這艘巨輪上盡情享受著。不料，巨輪首次出航便在途中撞上冰山，悲慘地沉沒，許多乘客因此葬身海底。

　　誰也沒料到，這部小說所寫的故事竟在十四年後不幸成爲事實。人們都說「鐵達尼」號（Titanic）是不會沉沒的。它也是當時所造的最大客輪，甲板下建有水密艙，即使有幾個水密艙進了水，客輪仍然能浮在水面上。一九一二年四月十一日，鐵達尼號從英國南安普敦港出發駛往紐約，開始了它的處女

航。船上載了兩千兩百廿四名乘客，還有八百個船員。鐵達尼號向西行駛，一連三天三夜，安全無事。

到了第四天的半夜，客輪在加拿大紐芬蘭省的海岸外全速行駛時，不慎與一座巨大的冰山碰撞上了。甲板下的水密艙破裂，海水湧入艙內。意想不到的事發生了——這艘號稱「不沉之船」的客輪正在慢慢沉沒。人們自然開始撤離。但由於救生艇不夠，導致乘客驚慌失措。最終隨著船尾翹起，船身滑向大西洋底，一千五百一十三人與巨輪一起沉沒。

悲劇發生後，有人想起羅伯森的那部小說，發現兩艘郵輪不僅名字幾乎相同，兩者還有眾多相似之處——

·兩艘船都是首次出航就沉沒，原因都是撞上冰山，肇事地點都在北大西洋。

·兩艘船航行的時間都是在四月份，航線都是從英國駛向美國。

·泰坦號所寫的乘客和船員人數爲三千人，鐵達尼號則搭載了近三千人。

·泰坦號所設想的重量爲七萬噸，鐵達尼號的實際重量爲六萬六千噸。

·泰坦號的船身長八百英尺，鐵達尼號則是略長一些。

·兩艘船的螺旋槳數均爲三個，碰撞上冰山的時速均爲廿三海里。

·還有一個相同點是，兩艘船出事後之所以死傷慘重，都是因爲船上的救生艇數量不夠。

此外，也有人就《紐約時報》刊登的鐵達尼號沉沒報導，發現情節、過程與小說家羅伯森筆下的故事如出一轍。甚至可以說，早在鐵達尼號沉沒前十四年，這部小說即預示了這個悲劇。這一切僅僅只是巧合嗎？如果不是，那又該如何解釋呢？

24. 美元鈔票上的「911恐怖攻擊」

有些美國人無意間發現，美國於一九九八年印製的新版廿美元鈔票，竟然能巧妙摺出類似「911恐怖攻擊」的場面——只要將鈔票對摺，再翻摺兩次，就可以看到紐約世貿中心被飛機撞擊冒煙的場面，反面則是五角大廈正在燃燒的慘狀。這還真令人感到恐怖。

話說這廿美元鈔票，一面是美國第七任總統傑克遜（Andrew Jackson）的肖像；另一面是白宮的正面圖像，兩側是灌木叢，頂端寫著「美利堅合眾國」的字樣。如果把白宮這一面朝外，上下對摺，然後手持左右兩邊，朝中、向下轉摺，接著出現的圖像會彷彿兩棟世貿大樓正在燃燒（灌木叢就像大火）。翻過來一看，又好像五角大廈正在燃燒。巧合還不只如此。將鈔票攤開，再一點一點摺起來，可以拼出「OSAMA」這幾個字，這正好是恐怖分子首腦奧薩瑪·賓拉登的名字。

此廿美元鈔票於一九九八年開始發行，聯邦印鑄局表示，鈔票的圖樣設計早在之前數年即已展開，上頭出現恐怖攻擊圖

樣一事純屬巧合。還有人提到，恐怖攻擊發生在九月十一日，而「九＋十一＝廿」。此外，「911恐怖攻擊」剛發生時，有人提供了一張照片，顯示兩棟世貿大樓燃燒時，濃煙籠罩，彷彿是撒旦魔鬼的圖像……這真是個可怕的巧合。

25. 石碑上的死人預言

十六世紀，有個名叫諾斯特拉達姆斯（Nostradamus）的人，他是法國星相學家，也被譽為世上最偉大的預言家。他預言一百年後的一六六六年，倫敦將發生一場大火。他寫道：「正氣，將迫使倫敦於一六六六年蒙受一場大火。」歷史印證了這項預言，這一年的倫敦果然烈焰沖天，全城幾乎化為灰燼。這項預言令諾斯特拉達姆斯舉世皆知，因為這實在太神奇了。此時，諾斯特拉達姆斯也剛好去世一百年。

一五五八年七月廿七日，諾斯特拉達姆斯寫給國王亨利二世的信中，預言了一次反對教會的起義。他指出：「起義將於一七九二年發生，到那個時候每個人都認為它能革新時代。」這一事件真的發生了，並導致一七九二年法國南特市的暴行。當時，一千名反對革命的市民或被送上斷頭臺，或被剝光衣服淹死在盧瓦爾河中。諾斯特拉達姆斯預言說道：「南特市的哭泣和呻吟，令人慘不忍睹。」史實的確是如此。

諾斯特拉達姆斯甚至能預知自己的未來。他預言自己會在

一五六六年去世，而且死前曾要求朋友替他刻一塊石碑，在他死後一起送進墓裡下葬。至於石碑上刻了什麼，僅他們兩人知道。他死後，朋友從未公佈石碑上刻的字，而諾斯特拉達姆斯死後盛名仍在。

人們的好奇心與日俱增。到了一七七〇年，人們決定掘開他的墓看看。墓穴打開後，在場的人無不面面相覷，驚詫不已，因爲石碑上刻的正是「一七七〇」這四個數字。

原來，他早就知道自己的棺木將在這一年被人打開。這眞是太神奇了。

死神的大作

這一篇收錄了許多真實故事，涉及死亡，涉及生死一瞬，無不充斥神祕色彩。這些巧合的前因後果究竟是什麼？誰曾看見我們的前世今生？

1. 廿年後，還是被同一顆子彈擊中

這個故事雖然讓人覺得不可思議，卻絕對是事實。

一八九三年，在德州經營霍尼克洛烏牧場的亨利・席格蘭特，婚後他又喜歡上了另一個名門閨秀。席格蘭特感到十分苦惱，開始對妻子梅莉感到嫌惡。他看她什麼都不順眼，覺得她長得既難看又不有趣，一點也不可愛，全身上下毫無優點可言。此時的席格蘭特已經完全忘記自己當初是如何追求妻子的。從此，他對待妻子十分冷淡無情，經常無故打罵她。可憐的梅莉只能獨自哭泣，她不知道究竟發生了什麼事，也不知道丈夫為何不再愛她。終於有一天，梅莉傷心地自殺身亡了。

梅莉的哥哥對席格蘭特無比憤恨，他知道是可惡的妹夫害妹妹自殺的，他發誓要為梅莉報仇。一天，梅莉的哥哥朝席格蘭特開了槍，子彈從席格蘭特的臉頰擦了過去，擊中他背後的一棵大樹。但梅莉的哥哥以為自己殺死了席格蘭特，接著便舉槍自殺。

之後，席格蘭特總算可以跟新歡一起快樂生活。事情經過了廿年之後，有一天，席格蘭特要砍倒那棵大樹，但樹幹實在太堅韌，於是他就用炸藥來炸。當然，席格蘭特並沒忘記廿年前從他臉頰擦過的那顆子彈仍留在大樹上。他做好一切準備之後便點燃炸藥，但炸藥爆炸時，依舊波及了這顆嵌在樹上的子彈，子彈彈出，竟不偏不倚擊中席格蘭特的頭，席格蘭特一命嗚呼。命運，終究讓席格蘭特死在這顆子彈之下。

2. 國王與平民同生同死

　　一九〇〇年七月廿八日，義大利國王翁貝托一世（Umberto I）偕同副官來到距離米蘭不過幾英里的蒙薩（Monza），準備在翌日一個運動會上頒獎。當晚，他和副官進入一家小餐館用膳。店老板聽候他們點菜時，國王發現店老板無論在面貌或體格上都酷似自己，便熱情地對老板說：「您坐下來，我們談談好嗎？你長得太像我啦。」閒談中，他發現他倆有許多相同之處，兩人都感到很驚奇。

　　他們都在一八四四年三月十四日於同一個地方出生，名字都叫翁貝托；同樣在一八六八年四月廿一日結婚，妻子都叫瑪格麗塔，也各有一個名為維托伊曼紐的兒子。翁貝托一世加冕之日，另一個翁貝托的餐廳也開張營業。

　　國王對這些絕巧之事感到驚訝之餘，不忘問店老板：「我們有那麼多共同點，為什麼我們以前從未相遇呢？」店老板說：「事實上我們曾兩次同時獲頒英雄勳章，第一次是一八六六年，那時我是個二等兵，國王您則是一名上校。第二次是一八七〇年，那時我們兩人分別晉升為中士及少將。」談話完畢，國王高興地對副官說：「我想在明天頒發義大利王室騎士銜給這個人。切記要他出席運動會。」

　　翌日，國王問起了那個店老板，得知他不幸於前一天的一起槍擊事件中意外喪生。國王大吃一驚，連忙吩咐副官：「你去查明葬禮什麼時候舉行，我要親自參加。怎麼會這麼巧，偏

偏是這個時候？」就在此時，有個刺客連開三槍，第一槍未射中國王，其餘兩槍卻穿過他的心臟，國王當場倒斃。

3. 九死一生的人

　　一九八五年，在蘇丹西部尼亞拉擔任教師的普萊斯·考特，他決定和同事史密斯徒步三十多公里，越過邁拉山脈，準備花三天的時間爬上那一區最高的死火山金巴拉山。他在山腳下的村莊遇到一名丹表人伊亞特，三人便於十一月廿七日出發，結伴同行。

　　第三天早上，他們帶的飲用水所剩不多，但仍決定繼續登上火口邊緣的山頭。地圖上標示火山口底部有泉水，再走半天即可抵達。他們進入火山口，開始往下走，不料下午三點半左右，普萊斯·考特在崎嶇的山坡上失足掉落。究竟掉得多深很難確定，伊亞特和史密斯足足花了一個小時才爬到他身邊，這段時間他一直陷入昏迷。

　　普萊斯·考特甦醒後覺得很疼痛，無法動彈，身上有幾處很深的傷口，並仍在流血。伊亞特決定去求援，可是即使抄近路也得一個星期才能回到尼亞拉。普萊斯·考特知道自己可能等不及伊亞特和救難人員趕到就會死去。當時他身邊僅剩一些飲用水，氣溫又熱得超過攝氏卅七度。他想，自己恐怕已經內出血了，不死於脫水也將死於失血過多。

史密斯一直陪他到第二天早上，但覺得這麼做一點用處也沒有，於是也決定下山求助。普萊斯‧考特同意了。臨走時，他們兩人相約點起火堆做為求救信號。不久後，野火開始沿著乾燥的灌木叢燒了過來，普萊斯‧考特只好艱難地一點一點挪開身子，躲避逐漸逼近的火焰。幸好，火燒到離他僅幾尺之遙便熄滅了，但不幸的是，史密斯留給他的藥物和食物卻全被燒毀。普萊斯‧考特感到有點沮喪，但他仍鼓勵著自己。整整兩天兩夜他都在等死，受傷的身體因缺水而痛苦非常。他努力朝火山口底部移動，盼望能在那裡找到泉水。

　　在他受傷的第四天上午十點左右，想不到，伊亞特居然帶著一名醫療人員回來了。原來他只花了三天就趕到尼亞拉，隨即與醫護人員先乘吉普車，再換乘馬匹兼程趕回。普萊斯‧考特立刻痛痛快快先喝了兩公升的水，之後便被抬上馬鞍，走了第一段路。接著，由小飛機將普萊斯‧考特從尼亞拉送往喀土穆，於當地醫院治療了八天，再以飛機送回英國。普萊斯‧考特直到啓程回英國的前一晚才終於入睡，這是他受傷十一天以來頭一次進入夢鄉。

　　他進了倫敦一家醫院接受檢查，才總算確認了傷勢——腦殼破裂、一邊的手腕折斷、三塊脊椎骨碎裂、一邊膝蓋上的韌帶與肌肉撕裂。在傷勢這麼嚴重的情況下，他的身體竟能經得起馬匹和吉普車的顛簸，穿越沙漠，醫生和普萊斯‧考特本人都十分驚奇，覺得這真是個奇蹟。醫生說，這只能用運氣來解釋，換做是別人，肯定早就活不成。

4. 一生與死神擦肩一百廿七次

世界上也許沒有比波蘭籍老婦人芭芭拉‧羅麗亞更幸運的人了，這位老婦人一生中遭遇了大約一百廿七次大大小小的致命災難，包括多次次空難、車禍、樓層塌陷、煤氣爆炸或船隻沉沒事件，但每一次都能化險為夷，歷劫逃生。

芭芭拉‧羅麗亞於一九二七年五月六日出生於波蘭的一個小鎮，降臨在她身上的頻繁災難和驚人運氣從童年時代就開始初露端倪。當她還是個幼童時，有一次竟意外爬出五層樓高的家中窗戶，從窗邊筆直地掉到數十公尺高的樓下。但芭芭拉正好掉在底樓一家商店堆在門外的紙箱上，她自己爬了起來，毫髮無傷。

芭芭拉十歲時，又遭遇了另一次災難意外。當她揹著書包到學校上學時，剛走出家門不遠處一個轉角，就撞上她那騎自行車急速衝過來的叔叔，兩人人仰馬翻地撞在一起。芭芭拉的叔叔體重足足有一百公斤，他連人帶車撞上了芭芭拉，自行車也被他甩到路邊。他摔斷了兩根肋骨和一條手臂，但芭芭拉連皮也沒擦破，她像個沒事人般從地上爬起來，揹上書包繼續往學校走去了。

十二歲時，芭芭拉又遭遇了一次讓人難以置信的倖存奇蹟。當時，有輛失控的汽車眼見就要撞到芭芭拉，但就在撞上前的一刹那，汽車的一隻輪子突然掉了下來，車子立即滑出路面，翻了幾個跟斗滾出老遠，司機身受重傷，隨即被送往醫院

急救，芭芭拉則毫髮未傷，再次逃過一劫。

正因爲如此，芭芭拉‧羅麗亞被當地居民稱爲世界上最幸運的人，她一生共遭遇過四次空難、七場汽車車禍、兩次火車相撞、十二次樓層塌陷或樓梯斷裂事故，其中一次她所站立的陽臺幾乎徹底崩塌；此外，芭芭拉還遭遇過各種稀奇古怪的意外事故，包括煤氣爆炸、犯罪攻擊、船隻沉沒等等，芭芭拉至今共逃過一百廿七次大大小小的災難事故。

儘管一生中遭遇了這麼多「不幸」，但芭芭拉幾乎從沒受過什麼重傷。她受到的最大傷害，也許就是在遭遇第二次空難時，不幸掉了一顆牙齒。她是那次空難倖存的三名乘客之一，但除了芭芭拉，其他兩名倖存者全都身受重傷，被送往醫院治療了好長一段時間。

5. 命中注定此刻死去

這裡記錄了一些離奇的死亡。巧合得讓人難以相信，可是，你又不得不信，因爲這些都是眞實事件。

‧一九八三年七月，一場風暴席捲義大利的那不勒斯。一位名叫維多歷亞‧路易士的中年男子，在駕車返家途中被狂風連人帶車吹落激流中，幾經艱辛，他才打破車窗，掙扎上岸。正當他爲自己慶幸時，有棵被狂風連根拔起的大樹，正巧擊中他的頭部，路易士就此一命嗚呼。

‧一九八三年，一名工廠老闆路達‧史華茲，在颱風的侵襲下，僥倖從被蕩平了的廠房中逃出，只受到一點輕傷。當時他還深感幸運。但颱風過後，他返回工廠廢墟視察，不料有堵未被摧毀的磚牆突然塌下，壓在他身上，使他喪命。

‧一九七七年，紐約市有個男人在街道上行走時被一輛貨車撞倒，奇怪的是他居然沒受傷。正當他準備從地上爬起來離開時，有個路人勸他：「你躺在地上，不要動，假裝受傷，這樣就可以向保險公司索賠。」他覺得很有道理，於是聽從勸告，橫躺在貨車前。就在他躺下之際，貨車司機以為他已經走開，便開動車子，結果他被車子碾過，真的成了輪下鬼。

‧一九七九年，英國里茲市有個年輕的店員荷魯達‧赫拉斯，他因蛀牙疼痛異常，而他生平又最怕看牙醫，於是請朋友在他的牙床外重擊一拳，希望能就此打落他的蛀牙。朋友不好意思推卻，於是打了他一拳。不料，赫拉斯被擊中後，身體往後倒，頭部撞到一塊突起的大石，頭骨破裂而死。

誰能解釋這些九死一生，又終究難逃一死的巧合呢？

6. 離奇逃開絞刑架

一八九四年二月七日，在大西洋彼岸的美國，年輕的珀維斯被推上絞刑架，他因被判謀殺密西西比州哥倫比亞市一個農夫而遭判絞刑。

可怕的巧合

此刻，極度絕望、又備感冤屈的珀維斯就站在絞架前，只要活門板一拉開，他馬上就會氣絕身亡。珀維斯覺得自己的意志眼看就要崩潰。不料，意外發生了，活門板打開後，絞索竟然鬆解滑脫。珀維斯驚恐不安地從絞刑架底下爬了出來，他僅僅受了一點皮肉之苦。這真是個意外的奇蹟。

雖然這次他沒死，但刑罰已定，他還是要受絞刑的。下一刻，當執法人員又再次將他推上絞刑架行刑時，適才親眼目睹生命奇蹟的三千多名群眾起而制止，他們大聲說著：「這個人不該死。不然，剛才他就已經死了。上帝這至高無上的仲裁已恩賜他緩刑。應該賜他緩刑！」

刑場上的氣氛也驟然改變，圍觀的群眾這時開始大聲喊叫、歌頌上帝，還將珀維斯視為英雄。執法警官的情緒似乎也被這熱烈、虔誠的場面所感染，他進退兩難，只得又把犯人送回牢房裡去。

這件事發生後不久，珀維斯的律師向密西西比州最高法院幾次上訴但都被駁回。新的行刑日子訂為一八九五年十二月十二日。也許是有了上一次的奇蹟，珀維斯對自己的新生命懷有強烈的信心，他的朋友也都向他伸出援助之手——就在臨刑前幾天，珀維斯的朋友劫獄成功，並藏匿他。一個月後，密西西比州的新州長宣誓就任，這是一位十分認真、善良的新州長，他對珀維斯頗感同情。當珀維斯得知這位州長對他深表關注後，便主動前去自首。一八九六年三月十二日，州長將他的死刑改判為終身監禁。但這時珀維斯的案件已深受美國各界關

注，珀維斯本人也成了輿論界的知名人物。州議會收到從美國各地寄來的數以千計信件，信中內容無不要求赦免釋放珀維斯。一八九八年末，珀維斯終於重新獲得自由。

一九一七年，美國有個名叫比爾德的人，他於臨終之際，似乎應了那句「人之將死，其言也善」的俗諺，終於承認過去那件農夫謀殺案是他所犯下，與珀維斯毫無關係，珀維斯的確是冤枉的。就這樣，珀維斯蒙受多年的冤屈終於沉冤得雪，人們都為他高興。

令人不可思議的是，珀維斯當年受審時，曾多次發誓：「我發誓，我真的是無辜的，我真的沒有殺那個人。請你們相信我。」可是當時的十二名陪審員對這個可憐的年輕人卻毫無同情之心。當陪審員們強行、武斷裁定他有罪時，珀維斯大感震驚，難以置信，他大聲說道：「我一定會活下去，看著你們一一死去，你們一個不死，我是不會死的。」當時，陪審員們毫不在意他所說的話。

珀維斯死於一九三八年十月十三日，剛好是最後一名陪審員死去的第三天。這也許是個令人不可思議的巧合，但珀維斯竟能如此離奇地逃出鬼門關，絞索架又是怎麼自動解開的？

7. 一連剋死五位法官

英國伊斯特本的勞工領袖布萊克曼，他因與妻子個性不合

而離婚了。離婚時，法院要布萊克曼支付贍養費，但他一直不肯付錢。他覺得夫妻既然已經離婚，就該自己養活自己，怎能讓他付錢贍養呢？這太不公平了。布萊克曼的妻子因此上告法院。離奇的是，後來那些判他該付贍養費的人，竟然一個個遭到了厄運。

布萊克曼堅決拒付贍養費，於是在一九二二年四月首次遭到起訴，並被判入獄。審判他的一位名叫杜克的地方法官，不久後便去世。即使如此，布萊克曼仍拒絕付錢，因而又再遭判刑。聆訊後，地方法官莫林・諾斯朗莫名其妙罹患重病，很突然地就過世了。

布萊克曼為了贍養費的案子第三次出庭受審時，宣判後不過幾分鐘，地方法官法納爾突患腦溢血，不省人事，就此與世長辭。布萊克曼仍堅持自己的觀點，他就是不付贍養費，於是又在一九二三年十月於伊斯特本郡的法院，接受法官麥卡尼斯的審訊。他再度入獄。這位法官後來也死了，布萊克曼出獄時，正好趕上法官的葬禮。一九二四年七月末，布萊克曼五度被判刑。布萊克曼著實讓法院方面傷透了腦筋。來到九月份，審訊此案的一名地方法官赫爾比也毫無徵兆地死去了。

有名記者採訪了布萊克曼，問他為什麼會有這些怪事發生，這些事是不是與他有關。針對這前後五名法官的死亡事件，布萊克曼表示：「那可能只是一些毫無意義的巧合吧，我對他們絕無半點惡意，這些事跟我沒有任何關係。」

8. 埋葬兩年後又復活

廿七歲的祕魯聾啞青年柏斯加於一九八一年十一月患了重感冒，發高燒，家人幫他買來退燒藥。他服用後便躺下，但令人意想不到的是，退燒藥竟引起突然的短暫休克。當家人發現時，柏斯加已沒了呼吸，他們非常悲傷，誤以為他死了，便按當地風俗葬了他。

兩年後的某一天，連日的大雨及嚴重水患沖毀了墓園，工人們正逐墓進行修理。當他們打開柏斯加的墓時，這些工人全都嚇得驚叫。只見蓬頭垢面的柏斯加，穿著破爛的殮衣呆坐在自己的棺木上。

原來，柏斯加被埋進墳墓後便醒了過來，他確知自己被埋入墓穴，於是大哭起來。他在墓穴裡什麼也看不見，又沒有力氣鑽出墳墓，他以為自己真的死定了，因為就算不被困死，也會被餓死。但突然，他發覺有昆蟲爬上他的腳，便管不了那麼多，抓起這些昆蟲和蚯蚓充饑。沒有地方大小便，他就用手指在地上挖一個淺坑來方便。日復一日，年復一年，柏斯加竟戰勝死神活了下來。

醫學界研究了這一奇蹟後，認為由於柏斯加是個聾啞人士，才能長期在無聲環境中生存，否則他是無法適應這種生活的。巧的是，墳墓又剛好被大雨沖壞，這才讓維修工人發現了他。若不是這些因素，柏斯加也許早已經死了。冥冥中或許有什麼力量在控制這一切吧！

9. 薩爾姆斯死裡逃生

　　一八三○年，澳洲雪梨市一幫小偷在盜竊一批金幣和銀幣時，當場被一名警察發現，沒想到罪犯竟攻擊警察，造成那名警察因傷勢過重而死亡。

　　這起盜竊案發生不久，當地有個名叫薩爾姆斯的人遭到逮捕。警方一在他的口袋中找到被盜的金、銀硬幣，便立刻控告薩爾姆斯犯下謀殺罪。薩爾姆斯矢口否認與此事有關，並不停地說口袋裡的金、銀硬幣是從賭桌上贏得的，同時還提到了幾名證人，以此證明案發當時他根本不在現場，而正在另一個地方喝得酩酊大醉。但警方還是不放過他，並使用各種方法向他施加壓力，在警方高壓逼供下，薩爾姆斯只好承認犯下盜竊罪，但絕不承認謀殺，儘管如此，他還是被判謀殺罪名成立，判處死刑。

　　這時，另一名共犯西蒙茲也被警方抓捕拘留，但他使出百般花招，堅決不認罪。為了恐嚇他，逼他招供，警方高層下令：「將西蒙茲帶到刑場，讓他親眼看著薩爾姆斯被當眾絞死，看他認不認罪！」

　　執行絞刑那天，一輛馬車將絕望的薩爾姆斯拉到刑場，警方把絞索套在他的脖子上。只要一聲令下，馬就會被驅趕往前跑，犯人將吊在那裡，直到斷氣。

　　刑場上早就密密麻麻聚集了好多人，薩爾姆斯獲准在執行前說上幾句話。他連喊：「我是冤枉的，我承認我參加了偷

竊，但確實沒有謀殺，請相信我。我可以發誓。」他還說，「真正的凶手，就是站在我面前被警察看押的西蒙茲。就是西蒙茲殺死那個警察的，西蒙茲才是真正的凶手。我是冤枉的。」西蒙茲聽到這句話後立刻大聲呼叫，企圖掩蓋薩爾姆斯指證自己的說話聲音。但人們已清楚聽見薩爾姆斯所說，這時人群大亂，他們不斷往前擠，高喊著要求──「釋放薩爾姆斯，審判西蒙茲」。一名在現場維持秩序的警察，慌亂之中不小心戳了馬屁股一下，馬群受驚逃竄，薩爾姆斯一下子被吊在半空中。但一瞬間，奇蹟發生了，繩子斷裂，人們被眼前的情景嚇呆了。

警方立刻重新圍住犯人，又趕快去準備第二條繩子。這時群情洶湧，高層命令趕緊再替薩爾姆斯套上絞索，一聲吼叫，馬車被趕走，薩爾姆斯又被吊在半空中。令人吃驚的是，繩子各股逐漸鬆脫，恰恰將薩爾姆斯安全地放到地面站妥，就連驚魂未定的薩爾姆斯本人也覺得如墮雲霧。

這時人們再也控制不住情緒，他們確信看到了奇蹟發生，便同聲高呼「放了他、放了他」。但第三條繩索又套上了薩爾姆斯的脖子。這次，繩子乾脆在他的頭上斷裂。警方高層這回還真不知所措，後來總督知道了這件怪事，立即下令暫緩執行死刑。事情過後，高層仍對這件事有所懷疑，便仔仔細細檢查曾套在薩爾姆斯頭上的那三根繩子，但全都沒有任何破綻，尤其第三條繩子更是簇新、未使用過的。

西蒙茲終於受到審判，他因謀殺罪被判處絞刑。薩爾姆斯

則離奇地死裡逃生。連他自己也無法解釋當時為什麼會發生那些情況。難道只是因為他幸運嗎？還是上帝知道他是冤枉的，所以伸出了無形的援助之手？這就不得而知了。

10. 復活三次的非洲男子

肯亞有個老人名叫莫卡‧姆茲塔，關於他三次復活的事，在當地蔚為奇談。

莫卡‧姆茲塔三歲時，不小心從樓梯上摔下來，當即昏迷。當父母將他送往醫院搶救時，醫生告訴他們，這孩子已經沒有呼吸了。這是莫卡‧姆茲塔第一次死亡。正當這對父母傷心欲絕地準備埋葬他之前，卻聽見他大聲啼哭，他們驚喜發現孩子復活了。這真是一個奇蹟。帶他到醫院檢查，醫生也說不出究竟是什麼原因使他復活。

廿二歲那年，有一次，莫卡‧姆茲塔行蹤不明，家裡的人都非常擔心，但問遍也找遍各處，就是不見他的蹤影。他的父母以為他死了。六天後，有個牧羊人發現身體已經冰涼的莫卡‧姆茲塔。原來，他從一處很高的懸崖摔進了深淵，這個深淵一般人是不會進去的，牧羊人也是為了尋找一隻調皮的羊才進入，這當然也是一個幸運的巧合。

然而，即使找到莫卡‧姆茲塔，他也已經沒了呼吸。當莫卡‧姆茲塔的父母悲傷地準備安葬他時，在即將入土的瞬間，

他醒過來了，頂開棺蓋，逃脫死神的魔爪。家人不禁爲他如此命大而慶幸，村裡的人也對他身上發生的事感到驚奇不已。

大家都以爲他從此可以平安度日了。畢竟，他已經兩次大難不死。但事實並非如此。六十歲時，莫卡・姆茲塔不幸染上霍亂，而且日趨嚴重，家人最後認定他命將休矣。但整整一天過後，他突然坐了起來並連聲呼喚：「我想喝水！」莫卡・姆茲塔又再次復活了。這眞是個奇蹟。可是，這些奇蹟究竟該怎麼解釋呢？

11. 殺人計程車和這對兄弟有仇

在美國維吉尼亞州海岸，有一片地處百慕達群島和佛羅里達群島之間的廣闊海域，總面積達卅多萬平方公里，這裡就是聞名於世的「百慕達三角洲」。自十六世紀以來，這片神祕的海域共失蹤了數以百計的船隻與飛機，令從事海洋和航空事業的人，談之色變，他們稱這片海域爲「魔鬼三角區」或「死亡三角區」。

這片海域附近住著一對親兄弟，埃斯基恩・勞倫斯和他的弟弟內維爾兩人相依爲命。不過，他們從來不敢到這片海域，畢竟他們聽了太多有關「魔鬼三角區」的神祕事件，深覺還是不惹爲妙。

但命運似乎不想放過他們。有一天，埃斯基恩騎機車出去

辦事，出門前還和弟弟笑著說：「再見啦。」走到一條大街上時，有輛計程車似乎失去控制，猛地撞向埃斯基恩。當司機與車上的乘客下車察看時，他已沒了呼吸。內維爾聽到消息後，悲慟萬分。可是，交通警察雖調查了此事故，不知為何沒判處那名司機刑責。內維爾非常氣憤，一直鬱鬱寡歡。

一年後，就在埃斯基恩逝世一週年當天，內維爾想到哥哥就是在這一天被撞死的，他感到非常痛苦，於是想出去兜兜風。他騎著哥哥的那輛機車，來到哥哥當時被撞的大街上。巧的是，去年那名肇事的計程車司機也在載客，而且載的也是一年前那位。不知道怎麼回事，計程車竟又似乎失去控制，朝內維爾撞來。內維爾來不及閃避，當場被撞死。

就這樣，兩兄弟先後被同一個司機駕駛的同一部計程車撞死。兩起車禍發生在相隔一年的同一天。埃斯基恩‧勞倫斯和他的弟弟內維爾死去時，都才十七歲大。

12. 凌晨三點，夫妻死亡時刻

一九七五年一月，查爾斯‧戴維斯來到住在英國里茲市的姊姊家度假。他沒帶妻小同行，而是一個人來。

查爾斯住在姊姊家時，情緒明顯非常低落。同時，他還在吃藥。查爾斯的姊姊關心地問：「你怎麼啦？是不是發生什麼不愉快的事？以前你來度假都是跟家人一起來的呀，而且你看

起來好像不太開心，似乎又在吃藥。你怎麼啦？」

　　查爾斯聽姊姊這麼問，頓時感到很無助，不禁悲從中來。他告訴姊姊，自己病了，醫生說他活不了多久，查爾斯因為不希望妻子擔心，只好找個藉口來度假。其實，他是多麼捨不得自己的家人呀。

　　查爾斯的姊姊聽了非常傷心。當她知道弟弟罹患的是家族遺傳病時，更是傷心得不得了。為了讓弟弟在最後的日子裡能快快樂樂的，她便儘量抽出時間陪他，陪他到處走走，陪他散心。查爾斯本來也想告訴自己的妻子實情，可是這段時間妻子實在太忙了，忙得幾乎整天不在家，看她如此忙碌，他實在沒有勇氣告知真相。

　　就在一月廿八日清晨三點，查爾斯‧戴維斯死去了。臨死前，他希望姊姊能抽出一些時間陪陪自己的弟妹，他說妻子一定會受不了這個打擊。姊姊含著眼淚答應了。當他姊姊打電話到查爾斯的家，準備將這個不幸消息告訴他的家人時，卻得知查爾斯的妻子也在同一天的清晨三點突然死去。

13. 四枚硬幣救人一命

　　巴西一名彩券小販說，他放在上衣口袋的四枚硬幣替他擋下強盜開的一槍，救了他的命。

　　這個幸運的中年男子名叫卡內羅，住在美景市（Belo-

horizonte），他手持四枚帶有凹痕的硬幣，對記者講述了整個過程。

原來，有兩名男子走近他的彩券攤，手裡拿著槍，凶狠地說：「快拿錢來。要現金。不然你就沒命了。」卡內羅非常害怕，他從來沒碰過這種事，以前只在電視上看過，沒想到自己卻真的遇上了。但卡內羅還算鎮定，畢竟他也曾經歷不少風雨和世面。

為了保命，他平靜地對兩名男子說：「我的錢不在這裡，在我家裡。你們可以陪我去拿。不過，請你們不要傷害我。你們要什麼我都可以給你們。」其中一名男子說：「少廢話，你帶路。」於是，卡內羅真的把他們帶到自己家，其實也就是彩券攤的後面。當他開門讓他倆進屋時，其中一名歹徒開了槍。卡內羅以為自己死定了。可是，子彈碰巧射中上衣口袋裡的硬幣彈了回去，卡內羅毫髮未損。於是，他用力將兩名歹徒推進屋內，自己奪門而逃，直奔街道。

他趕到街邊的警局，告訴警察剛才發生的事。警方馬上派了幾個人去他家。不過，那兩名男子已經逃跑了。卡內羅發現家裡的幾本存摺都不見了，一些現金和貴重首飾也被拿走，於是他馬上打電話給銀行掛失存摺。後來，根據卡內羅提供的線索，那兩名歹徒都被警察抓獲。

14. 同生共死的恩愛夫妻

四川省綿陽市游仙區有一對同年同月同日出生的夫婦，又於同年同月同日病逝，這在當地傳為佳話。

這對夫妻，丈夫是趙永發，妻子是常桂英，兩人同時生於一九○四年三月廿四日。據說，他們是自由戀愛的，相愛之後，趙永發問常桂英她的生日是哪一天，當她說出自己的生日後，趙永發驚喜不已，因為他們居然同年同月同日出生。正因如此，他倆亦格外珍惜這段緣分。當愛情終於成熟後，兩人便前往登記結婚，事務所的專員對他倆這同年同月同日出生的巧合，也感到驚奇不已。

他們二人結婚後，七十多年的歲月中從未發生過爭吵，夫妻恩愛相敬如賓。養育的三男二女也都成材立業，孝順識理，他們共有五十四個兒孫。一九九七年六月三日，兩老同時患了急病，被送進醫院，晚上八點剛過，老太太因搶救無效病逝。老先生強忍著淚，吩咐兒孫將老伴和自己合葬，以及另一些身後事，便大叫一聲「老婆子，等等我」，然後也於當晚十一點溘然長逝。兩位老人享年九十四歲。

據記者瞭解，這對夫妻待人處世非常圓融和氣。他們對鄰居很照顧，只要有什麼需要幫忙的絕不會坐視不管，還常將家裡好吃的東西分送鄰居吃。一九九八年六月三日是這對老夫婦逝世一週年紀念，村民及其兒孫均自發性地前往拜謁，送去花圈等等。村民說，這一對老夫婦同年同月同日出生，又同年同

月同日去世，應該算是一個奇蹟了，也許是上天賜給他們的緣分吧。畢竟，這樣的美事在這世上是非常少見的。

15. 發自於愛的嚴重車禍

居住在美國阿拉巴馬州的朵麗絲和席拉兩姊妹很忙，兩人都各有自己的公司，再加上各有兒女，所以平時很難得見上一面。儘管如此，姊妹倆的感情還是很深厚。

小時候，她們一起上學，一起下課，一起上床睡覺，形影不離。無論買什麼吃的穿的都會替對方設想，一人一份；若有別人欺負自己的姊妹，另一個絕對會出面。雙親都說她們倆是影子姊妹，鄰居也說很少見到這麼親密的姊妹。兩姊妹漸漸長大。兩人都出嫁後，由於住的地方相隔較遠，她們便不再有太多時間相聚。不過，兩姊妹還是會忙裡偷閒，偷空去找對方。

這一天是週日，朵麗絲突然很想見見妹妹。她想，自己快一年沒見到妹妹了，這就去找她，先不打電話，好給她一個驚喜。於是，朵麗絲化了個淡妝，穿上妹妹最喜歡看自己穿的衣服，收拾好東西，準備出門。提著手提包的朵麗絲快出門時，才對正在看報紙的丈夫說：「我要去拜訪一下我妹妹，我突然很想看看她。孩子就由你來看。」丈夫爽快地答應，並說了聲：「路上開車小心呀。」當孩子吵著也要去時，朵麗絲拒絕了。

於是，朵麗絲開車從家中出發，一路朝妹妹家的方向行駛。巧的是，妹妹席拉正好也很想念姊姊，便開車前往姊姊家而未事先告知，她自然也想給朵麗絲一個驚喜。然而，就在路途中的某個路段，這對姊妹的車不知怎麼回事，突然相撞，姊妹倆當場死亡。

16. 花主人的錢買車，撞死主人

第一次世界大戰期間，德國間諜彼得‧卡爾平（Peter Karpin）受命潛入法國。他找了一份工作（工作只是為了掩人耳目），一邊蒐集各種情報。就在他自認能夠順利完成任務時，卻在一九一四年被法國情報部門逮捕。原來是他的間諜同僚告的密，當然這事後來才知道。遭到逮捕後，卡爾平一直不願說出德方的情況，更不肯交代他已獲取的相關情報，於是法國情報部門一直對他嚴刑逼供。

後來，卡爾平受盡苦頭，只好老實交代一切。因為他覺得這樣耗下去沒有任何好處，如果說了也許還能有其他生路。不過，法國情報部門並未就此對他仁慈。同時，法國也一直封鎖他被捕的消息，企圖營造他仍在法國工作的假象。法國人沒收了卡爾平的薪水，直到他最後於一九一七年逃脫為止。

一名法國官員拿了長期沒收卡爾平薪水的錢，替自己買了一輛汽車。這部車很酷，該法國人非常喜歡，便經常開著車到

處兜風。有一天，他照常開著這輛車出門。天氣非常好，他的心情很不錯，但戰爭的陰影並未徹底消散，而且不怎麼平靜的戰爭態勢也令他感覺自己的心是不平靜的。

就這樣，在一個轉彎處，他來不及踩剎車，便在法軍占領區內撞死了一個人。這名官員趕緊下車查看究竟，他驚訝地發現死者恰巧就是彼得・卡爾平。

17. 遭雷擊，死而復生

二〇〇四年七月廿九日，塞爾維亞有個遭到雷擊的農婦被救活，而救活她的方法竟是──「活埋」！

這位中年婦人名叫拉多伊卡・拉札雷維奇，事發當天雷電大作，一個響雷擊中了村子旁的高壓線。當時正站在自家電錶旁的拉札雷維奇只覺脖子一麻，口眼開始歪斜，全身發痛，既而失去知覺，暈倒在地。她的孩子看到自己母親倒在地上，全都大哭起來。

親友們聞訊後趕來，立即將這名不省人事的婦人抬到院內。拉札雷維奇此時已經沒有生命跡象，也就是說完全沒呼吸了。但親友們並未放棄，他們按照當地「遭雷擊，活埋救」的傳統，迅速在院內挖了一個坑洞，將她放進去，然後在她身上埋了一些土，焦急期待著奇蹟降臨。十五分鐘後，難以置信的事發生了，婦人竟然哼了一聲，並睜開眼睛。不過，這時她還

說不出話來。

眾人連忙把土撥開，開車送她到城裡的醫院。經過數日治療，拉札雷維奇的身體仍有兩大塊淤血，但她很快就痊癒出了院。拉札雷維奇也對自己被雷擊後還能活下來，感到非常慶幸，她說也許是自己命大吧。

不過，對於她爲何能逃過一劫，目前還沒有科學上的解釋。醫生知道事發情況後，也說她能逃過此劫很大程度是憑著運氣。如果不是運氣，她應該早就不在人世了。

18. 遇上一百廿七次車禍的人

有位名叫納爾、在建築業擔任經理的英國男子，他一生中截至目前爲止共遭遇多達一百廿七次「包括墜機、車禍在內的重大交通事故」。

納爾說，由於工作關係，他去過世界各地許多地方，但不管是在國內還是國外，厄運彷彿幽靈般一直跟隨著他。

納爾第一次發生車禍是在十七歲那年。當時他正在考駕照，不料手中的換檔桿突然脫落，車子活像脫韁野馬橫衝直撞，最後猛地撞上了一堵牆才停住，把現場的路考官嚇得目瞪口呆。

但他印象中最恐怖的事故，則發生於二○○二年二月，當時他正在烏克蘭工作，且短短三天裡就發生了三次交通意外。

第一天，他搭乘的飛機墜落在野外的雪地上，幸好他本人只受了一點輕傷。第二天，他乘坐汽車去辦事，結果汽車在冰面失去控制，猛地撞上一棵大樹，車內所有乘客都受了傷，唯獨他毫髮無損。第三天，納爾決定親自開一輛嶄新的馬自達汽車出門。然而，當他在一個汽車維修站加油時，一輛大卡車竟從後方狠狠撞上了他的車。由於衝擊力過大，他的馬自達汽車一頭栽進了路邊的水溝。

但納爾說，他的「最高車禍紀錄」是發生在一九六九年——短短八個小時內，出了三次車禍。納爾說，那天早上八點，他正開車前往上班途中，突然，一輛摩托車從後面猛地撞向他的車尾，那名摩托車騎士從他的汽車頂部飛過，落地後當場死亡。由於心煩意亂，半個小時後，納爾第二次與人撞車，幸好這次未造成傷亡。當天下午四點在下班回家的路上，則發生了第三次車禍——另一輛摩托車再次撞上納爾的汽車。

二〇〇四年十二月八日，納爾經歷了第一百廿七次交通事故——由於一時疏忽，他的車掉進了一個兩英尺寬的洞裡，頭燈被撞壞。不過，納爾仍大難不死，沒有生命危險。這些事還真是不可思議。

19. 致命的鐵齒行徑

英國埃塞克斯市的麗莎・波特是個不幸的孩子。她的父親

在一次意外中喪生，她是在母親辛苦撫養下長大的。

不過，麗莎的性格並未因父親早逝而變得憂鬱，相反地，她似乎具有某種超強的忍耐力，她非常堅強。做母親的有時都很佩服麗莎，因爲她自己反倒在許多時候都很脆弱。這名寡母一直以來都沒忘記過已經去世的丈夫，正因如此，她一直沒改嫁。

麗莎就這樣長大了。一九九五年八月，她與母親一起來到埃塞克斯莫茨線鐵路的平交道口。她的母親說：「麗莎，妳父親十一年前就是在這個平交道口被火車輾死的。妳想必不記得了，因爲那時妳年紀還非常小。可是，我一直都記得，所以我不想從這裡穿過去。」麗莎回答：「媽，妳別害怕，事情都已經過了這麼多年。再說，爸爸在天之靈也會保佑我們的。我們走過去吧。」她的母親拒絕了，堅持改走另外一條路。

但麗莎覺得，改走另外一條路不僅會浪費時間，而且這其實是母親潛意識裡的害怕心理在作怪。麗莎認爲消除母親恐懼心理的最好作法，就是由她自己先穿越鐵道，於是她說：「媽，這樣好了，我先過去，妳再接著走過來。」於是麗莎向鐵道走去。然而就在此時，一輛列車突然駛過，撞死了麗莎，她的母親當場暈死過去。

20. 天外飛來子彈直入心臟

二○○四年九月十日下午三點半，家住廣州白雲區同和鎮

東平村的李先生，帶著女兒前往白雲山取水。這本來是個再平常不過的日子，可是，返家的路上，一顆步槍子彈擊中了李先生的心臟。大難不死的他幾經轉院，終於在南方醫院獲救了。

　　事情是這樣的。十日下午，從湖南來到廣州工作的李先生，帶著四歲的女兒像往常一樣上山取水。兩人取完水，有說有笑地下山時，李先生突然感到左胸一陣劇痛。這劇痛使他難以繼續步行，並短暫出現休克。他的女兒嚇壞了，可是又不知道該怎麼幫爸爸。幾經艱辛，李先生終於慢慢走回家中。他掀起衣服一看，左胸位置竟有個黃豆般大小的洞，還滲出少許血絲，他以為是被空氣槍擊中。

　　李先生的同鄉聞訊後也趕來了。李先生本想用夾子將子彈夾出，但因不知確切位置，不敢貿然行事。於是，同鄉陪他到同和鎮的某家醫院做了胸部掃描，結果發現心臟部位有一金屬異物。

　　醫生告訴他，如果動手術會有很大的危險。李先生於是轉到另一家醫院求醫。可是，院方又告知手術風險太高，他只好於十二日改轉到南方醫院去。終於，南方醫院的胸腔外科醫生成功取出了子彈。

　　醫生說，遭遇飛來之禍的李先生創造了一個「奇蹟」，在這種情況下還能活下來的例子非常少。至於這顆子彈究竟是怎麼飛來的，仍有待進一步調查。

21. 子彈不讓死，射進他的槍

　　第一次世界大戰中，英軍二等兵史密斯的表現非常英勇。儘管他非常想念自己的新婚妻子，也非常想知道雙親的近況，可是在這樣的戰爭年代，思念之情只能放在心底。於是，他拋開一切私人的雜念，一心想著戰爭的勝利。他希望自己能以勝利之姿站在新婚妻子面前，而不是什麼功績都沒有——他覺得，如果這樣那就太丟人了。

　　有一次，史密斯出去巡邏，不小心與戰友們走散。這時天快黑了，史密斯對這一帶並不熟悉。他東轉西轉，卻怎麼也找不到自己該回去的地方。他迷路了。

　　近黃昏時，他走到一個從來沒去過的村莊。那個地方非常偏僻，很快地，他看到前面約五十公尺外有個德國士兵，機靈的他立刻想把自己隱藏好。可是這個偏僻的地方除了野草，毫無可藏身的地方。於是，史密斯決定把這個德國兵處理掉。他迅速把槍上好子彈，瞄準，準備擊斃對方。

　　可是史密斯萬萬想不到的是，那名德國士兵其實已經發現了他，並搶先一步朝史密斯開了槍。德國士兵的槍法非常準，他以為史密斯死定了。但沒想到，槍聲響了，史密斯卻沒有被打死。

　　原來，這德國士兵的子彈正巧射進了史密斯的步槍槍膛。這椿意外的巧合就這樣救了史密斯的命，現在這支步槍仍保存在英國的博物館內。

22. 爲愛跳樓，死的是別人

　　布拉格有位名叫維拉‧捷馬克的家庭主婦，在一個非常偶然的情況下，她發現丈夫藏在家裡的照片與信件——那是個女人的照片，她長得非常漂亮，而這些信件是女人寫給她丈夫的。維拉渾身顫抖地看完這些信。從這些信件中，維拉知道自己的丈夫已經與這個女人有了三年的婚外情，他們是在一次旅遊中認識的。最近，這個女人正在逼丈夫向維拉攤牌，要他離婚與自己結婚。

　　維拉感到渾身冰冷。她是多麼愛自己的丈夫呀，可是丈夫卻這麼對待她。她回想起自己與丈夫談戀愛時的每個畫面，這些回憶如今竟讓她痛苦萬分。她現在終於明白丈夫的種種異常行爲——說公司加班，經常凌晨才回家；許多個週末都跑出去，說是去見客戶。她原本毫不懷疑自己的丈夫，因爲她是那麼愛他。但原來是這麼回事，原來他是跟別的女人約會去了。

　　維拉決定自殺，於是寫了一封遺書，她在信中憤怒地譴責丈夫。然後，她就從三樓跳下。她以爲自己將就此告別這個世界，沒想到卻正好掉落在一名路過公寓的男人身上；衝撞的力道很大，砸死了這個男人，而她卻只受了輕傷。維拉爬起來一看，死去的男人正是她那已變心的丈夫，這樣的巧合不禁讓維拉嚇得目瞪口呆。

23. 不可思議的感覺

　　一九七九年某天清晨五點，酣睡中的海倫・希洛特被敲門聲驚醒，睡眼惺忪的她聽到母親馬喬麗在門外嚷嚷：「海倫，妳在家嗎？妳剛才來我家有什麼事？」海倫趕緊爬起來開門，看見住在對門公寓的母親正站在自己家門外。

　　母親問海倫：「妳幾分鐘前來敲我家大門有什麼事？怎麼，妳在睡覺嗎？」海倫不解地睜大了眼睛，她向母親解釋：「媽，我昨晚十一點就上床睡覺了，直到妳敲門前都還在睡夢中，我怎麼可能去敲妳的門呢？妳是不是看錯了？」馬喬麗卻堅持：「我看到了妳，還跟妳說了話。不過，妳什麼也沒回答，就馬上回自己家了。真是奇怪。」

　　這時，外面突然發出巨大聲響，兩人朝窗邊走去，只見馬喬麗住的那棟公寓因煤氣洩漏而發生爆炸，她住的那一層樓已經被炸得支離破碎。

　　她們趕緊報火警，消防隊幾分鐘後便趕到。幸好消防隊及時趕到，爆炸因此未擴延到其他地方。不過，馬喬麗的所有家當都毀了，但消防隊長對她說：「太太，如果那時您還在屋裡睡覺，肯定連命都沒了。」

　　海倫和馬喬麗這對母女直睜大了眼睛，她們也對這整件事感到不可置信。如果不是母親來到女兒的家，母親這會兒肯定沒命。這到底是怎麼回事？是海倫有夜遊症嗎，還是她母親產生了幻覺？兩人之中似有一人感覺到有爆炸危險，結果救了馬

喬麗的命。這份幸運還真是不可思議。

24. 凶手就在畫像裡

　　西元十世紀末的俄國聖彼得堡市，有個十四歲的女孩莉莎一個人待在家中。她的父母一起出門買東西去了。莉莎覺得很無聊，有點後悔沒跟父母一起同行。

　　正在此時，有人敲門。莉莎想起父母的警告：「不要隨便開門，現在壞人很多。」於是，她便不加理會。可是敲門聲一直持續，而且有人喊叫：「莉莎，我是妳爸爸的朋友，請妳開門。」雖然這個聲音頗為陌生，不過一聽說是爸爸的朋友，莉莎就放心了。於是她開了門。

　　陌生人對仍心存戒備的莉莎說：「我是妳爸爸的朋友，妳爸爸沒提起過我嗎？我都知道妳的事呀。」莉莎半信半疑地看著他。陌生人說：「我剛好路過這裡。妳倒一杯水給我喝好嗎？」莉莎於是轉身去廚房倒水。就在此時，陌生人從懷裡拿出一把斧頭，當場砍死了莉莎。

　　凶手砍死莉莎後，偷走了她家中許多值錢的東西。莉莎的父母回到家時，莉莎已永遠離開了人世。面對這樁慘劇，莉莎的母親當場暈死過去，過了好長一段時間，她才恢復過來；她非常後悔，是她讓莉莎一個人待在家裡的呀。

　　畫家波葉在一次與朋友的聚會上，從朋友口中得知了這件

事，覺得非常氣憤。波葉出於激憤畫了一幅以這起悲劇爲題的油畫，虛構了一個正要逃跑的凶手模樣。

半年後，這幅畫在聖彼得堡市政府展出時，人群中有一人在畫作前尖叫倒地，渾身抽搐。原來此人正是凶手，他被如此酷似自己長相的畫中凶手，驚嚇得失去了理智。凶手因而被捕。

25. 老鼠搬家預報死訊

第二次世界大戰後，在紐約從事電影工作的馬西夫婦退掉了旅館的房間，在東區租了一棟房租低廉的房子住下。

有一天，馬西太太從二樓窗邊探頭眺望，突然瞥見對面大樓的地下室有許多老鼠傾巢而出，列隊竄過馬路，拚命朝自己家的方向湧來。「唰！不得了，怎麼回事？怎麼會有這麼多老鼠？」這位太太感到很吃驚，趕緊打電話給衛生局尋求滅鼠方法，還從朋友家借來了貓。可是老鼠數量實在太多，這除鼠的辦法並不怎麼有效。

大批老鼠「搬」進來後不久，有天早上，馬西太太打開報紙，報紙上刊登了富豪Ｂ夫人自殺的消息，還登了死者的照片。她不禁一愣：「哎呀，這不是對面大樓的太太嗎？那些老鼠就是從她家逃過來的。她爲什麼要自殺呢？」馬西夫人自語著。Ｂ夫人一死，那幢樓就被拍賣了，之後那些老鼠又結隊「回家」了。

過了些日子，大樓搬來了新主人，是個衣著入時的金髮女子。她曾當過舞女，時常有個年輕男子出入她家。一天，這個男人在屋子裡突然心臟病發作死了。就在他猝死之前，這幢大樓的老鼠又再次逃到馬西夫婦住的這棟樓。年輕男子死後，女主人搬了家。奇怪的是，老鼠又回到「舊窩」。不久，又有個年輕的企業家搬進去住。

很長一段日子下來一直平安無事。可是，有一天又出現了老鼠搬家的現象。「又要發生什麼不測了！」馬西太太不由得擔心起來。果然，過沒多久，《紐約時報》便刊出一則「年輕企業家因飛機失事死亡」的消息。「啊，這不是對面大樓的主人嗎？早知如此，就該趁老鼠搬家時，提醒對方。」這位太太深感懊喪。

由於死亡意外接連發生，使人們對這幢大樓望而卻步，再也沒人敢租，只得讓它空著。只有那些老鼠重返家園，在大樓裡肆無忌憚，悠哉游哉。

據說這幢大樓是一個有名的律師建造的。但房子蓋好後不久，這名律師便精神失常，住院治療，且遲遲不得康復。有一天，這名律師從醫院溜出來，跳入哈德遜河，死了。

26. 神祕學家切羅的準確預言

於一八六六年出生於愛爾蘭都柏林的切羅（Cheiro /

William John Warner），尚在孩提時代，母親就教會他看手相。十一歲時，切羅看手相的功力已十分精湛，後來還寫了一本有關手相的書。過了幾年，他遠渡重洋隻身去了印度，在那兒花了兩年時間專攻祕術。

回到英國後不久，切羅便開始在倫敦以看手相謀生。起初生意清淡，但有一天他突然藉著幻覺窺見了一椿謀殺案，而且連凶手的模樣都看得一清二楚。後來，切羅果真找到了案發地點。當他趕到現場時，倫敦的警察正在那兒進行調查。於是切羅告訴警官，殺人犯是個年輕的富家公子，此人褲袋裡有一只金錶，而且他是被害人的近親。

第二天，罪犯被捕歸案，正如切羅所說，此人果然是個年輕的豪門弟子，褲袋裡有一只金錶，而且正是被害人的兒子。消息傳開後，切羅一躍成了首屈一指的手相家。此後，他每看一次手相，都能得到豐厚的報酬。

切羅立刻成了王子愛德華七世的朋友。一九○二年六月，愛德華宣誓即位，但因病而未能加冕。於是他召見切羅，請切羅幫自己看手相。切羅看了之後，要國王不必擔心，他的身體只是微恙不久便將痊癒。此外，切羅還預言了國王去世的日子，後來，國王真的在那天逝世，證明切羅的預言確然無誤。

切羅有個朋友名叫史狄德（William Thomas Stead），此人是倫敦一家報社的記者，終日擔心自己會死於歹徒之手。切羅說，他不會被人殺死，但會被溺死，並勸他不要在一九一二年四月進行水上旅行。可是史狄德並未認真對待此一忠告──

可怕的巧合

他登上了「鐵達尼」號客輪，在一九一二年四月十五日這一天隨著這艘冰海沉船葬身魚腹。

切羅的許許多多預言中，最引人注目的是有關義大利國王翁貝托一世（Umberto I）的事。國王讓他看手相，想知道自己的死期。切羅握著國王的一隻手左看右看看了半天，最後直言不諱地說：「國王將在三個月內被人謀殺而死。」事實果然如此，預言後的三個月，即一九○○年七月廿九日，翁貝托一世被人槍擊暗殺了。

只可惜切羅卻無法對自己的前途未卜先知。一九三六年的一天早晨，有人發現他因心臟病發倒在好萊塢的一條小路上，人們急忙送他去醫院，但他在半路上便斷了氣。

27. 預視火車撞卡車，報警救人

「叮鈴鈴，叮鈴鈴……」美國加州里奇蒙市警察局的電話急急響起。「喂，喂，是警察局嗎？趕快到馬克德納德街的這一段鐵路來，再派一輛救護車！」電話裡傳來一個年輕女子的焦急聲音。

「發生了什麼事？」警察忙問。「開往聖塔菲的快車和一輛大卡車相撞，有個男人受了重傷！請你們快來。」「什麼？火車和卡車相撞，我們馬上就到，請不要離開！」警察放下電話，馬上與醫院取得聯繫，不到一分鐘，警車和救護車相繼出

動，不一會兒就來到了平交道口。但是，那裡一片寂靜，根本沒有車禍發生，快車尚未通過，連卡車的影子也沒看到。人們都以為這是惡作劇，紛紛抱怨。

就在此時，遠處傳來火車的汽笛聲，轉眼間，一陣轟鳴，火車風馳電掣般朝平交道口直駛而來，這時平交道口突然出現一輛大卡車卡在鐵軌上拋錨了，怎麼也發不動。瞬間，只聽見一聲巨響，眾目睽睽之下，火車與卡車猛烈相撞。

大卡車被火車甩出好幾十公尺遠，卡車司機德爾富‧布魯斯被人從駕駛座拖出時，已經奄奄一息，臉上、胸部和四肢都受了重傷。眼前發生的事和不久前報案電話裡說的居然一模一樣！這不可思議的事，使幾分鐘前還在抱怨惡作劇電話的人，個個嚇得目瞪口呆。

大夥七手八腳趕緊將布魯斯抬上擔架，用救護車送至附近醫院搶救。布魯斯身上大量出血，傷勢十分嚴重，幸好搶救及時，總算保住了性命。「要是再遲個十分鐘，後果不堪設想。」醫生於手術後這麼說。可是，那個打電話給警察、事先報警的年輕女人究竟是誰？事後，警方即設法尋找她，卻始終找不到任何線索。

28. 稀奇古怪的死法

很多災禍意外都有著離奇古怪的理由。你也許不相信哪來

這麼多巧合，可是，以下事件都是真的，絕非編造而來。

禿頂之災

西元前四五六年，希臘「悲劇之父」愛斯奇勒斯（Aeschylus），年屆六十九歲，隱居於西西里島一處名叫傑拉的地方。

一天，他在家忙累了，於是出門散步。這時，有隻老鷹在空中盤旋。原來老鷹正想把攫獲的龜扔到岩石上砸碎，以供果腹。老鷹大概誤以為這位劇作家的光滑禿頂是一塊岩石，便爪子一鬆，將龜砸在他頭上，劇作家就此一命嗚呼。後來他的友人想起，若干年前曾有神諭說他將死於「天降之禍」。

不幸言中

卡爾洽斯被公認是古希臘最知名的占卜家之一，關於他的死至今還流傳著一個故事。據說另一位占卜家看到卡爾洽斯在種葡萄，便預言他將喝不到自家所種葡萄釀造的酒。葡萄成熟後，釀成了酒，卡爾洽斯舉行宴會，特別請來那位占卜家，以證明其預言不準。那位占卜家在卡爾洽斯舉杯時，仍堅持自己的預言並非虛妄，卡爾洽斯不禁哈哈大笑，但竟因此嗆死了。

一語成讖

一九二七年九月，現代舞大師伊莎朵拉·鄧肯（Isadora Duncan），對尼斯一家車行的老板法爾凱托表示很喜歡他的

跑車。法爾凱托心想，鄧肯或許有意買一輛，於是讓鄧肯兜風試車。鄧肯穿得很單薄，肩上只披著一條絲巾。「再見，朋友，我現在要飛上天國。」她開玩笑地一面喊一面演戲似地把絲巾向後一甩，隨即開動車子。不料，絲巾纏在車輪上，轉眼便把鄧肯勒死。她的話竟然成真了。

29. 預知死期趕緊買保險

一九七九年初，西班牙飯店經理卡斯塔爾在夢中聽到「三個月後出生的孩子，肯定是見不到了」的聲音。醒來後，卡斯塔爾一直在思索這個聲音。他的妻子已經懷有六個月身孕，這使他對夢中這個聲音非常恐懼。他確信自己很快將會死去──因為，那個聲音是如此清晰。天亮後，卡斯塔爾立即買下五萬英鎊的保險。

當卡斯塔爾將這個夢告訴妻子時，妻子說他是因為最近太累了，所以胡思亂想。卡斯塔爾溫柔地抱著她，他怕自己真的快死了，如果真是這樣，妻子將多麼痛苦呀。

幾週後的某一天，卡斯塔爾下班後以時速八十公里的速度駕車回家。途中，對面車道駛來一輛時速一百六十公里的汽車，車子撞上護欄，又在空中翻了幾個跟斗，最後恰好落在卡斯塔爾的車上，兩部車的駕駛都當場死亡。

保險公司支付了五萬英鎊的保險金給卡斯塔爾的妻子，然

後說：「按照常規，當事人才剛投這樣的保險沒多久就死亡，公司往往會進行徹底調查。但對於這個令人難以置信的交通事故，完全沒有置疑的必要。因爲只要差個幾分之一秒，他就不會撞上了。」此時，卡斯塔爾的妻子早已哭成了淚人兒。她傷心地說：「原來我丈夫是眞的預知了自己的死亡。這太不可思議了。他是怕他死後我沒保障才買保險的。可是，他還是把我一個人扔下了。」

30. 主教預言自己死亡之日

天主教香港教區樞機主教胡振中因罹患骨髓癌，已於二〇〇二年九月廿三日早上七點零五分在香港瑪麗醫院病逝，享年七十七歲。原助理主教陳日君即日接任香港天主教教區主教一職，而教會亦安排於當週週六舉行胡振中的喪禮，遺體安葬在跑馬地天主教墓園。

對於胡樞機的逝世，當時的香港特區首長董建華深感痛惜，並讚揚胡振中畢生獻身天主教，爲教友奉獻力量，造福社群，他還代表特區政府向天主教徒致上深切慰問。

已退休的陳子殷神父主持彌撒時，透露了胡樞機生前的一件事。他說：「胡樞機有很強的預感能力。他曾經對同事說，香港過往的兩位華籍主教徐誠斌及李宏基，已先後於五月廿三日及七月廿三日病逝。按次序排列，他自己或許會在九月廿三

日死去。」結果，胡樞機最終眞的在自己預言的日子逝世，巧合得令人難以置信。

而且，香港過去的五位教區主教也均在「三」字尾的日子逝世；最奇妙是，連同當時剛離世的胡振中在內，歷任三位華籍主教均在「廿三日」這一天魂歸天國——

第一任恩理覺主教歿於九月三日；第二任白英奇主教則於二月十三日逝世；第三任兼香港教區首位華人主教徐誠斌歿於廿三日；第四任華籍主教李宏基歿於廿三日；第五任胡振中樞機主教亦歿於廿三日。而剛接任主教一職的陳日君，生日是在十三日。

31. 一家三代斷魂「死亡之橋」

一九五七年，住在美國加州的比辛格準備出門辦事。他出門時還跟家人微笑著說再見，但就在走過附近的一座橋時，有輛汽車突然失去控制，當場撞死了比辛格。面對他的意外死亡，家人感到悲慟萬分，好好的一個人，轉眼間竟然就與家人生死相隔。

兩年後的某一天，比辛格的兒子希拉姆出門了。他準備出門去買日常用品，順便替自己的兒子戴維・威斯勒買生日蛋糕和生日禮物。兒子在爸爸出門前，還充滿期待地對希拉姆說，希望生日禮物是一輛遙控玩具汽車。希拉姆答應了。

可是，當他走過兩年前父親被車撞死的那座橋時，心神突然恍惚了起來，好像有種神智不清的感覺。他想，或許是自己有點疲累。就在這個時候，他聽到後面有輛卡車突然剎車的聲音，接著他就什麼也不知道了。當他甦醒過來時，周圍已經圍滿了人，當然，還有他的兒子戴維・威斯勒。他艱難地睜開雙眼，滿臉抱歉地對兒子說：「對不起，兒子，我可能無法達成你的生日願望了。我……」話還沒說完，希拉姆就永遠閉上了眼睛。

六年後，比辛格的十四歲孫子、也就是希拉姆的兒子戴維・威斯勒在這座橋上玩耍。他這個年紀的孩子看到任何東西自然感到很好奇，而且總是與玩伴追追打打的。此時，有輛小汽車高速駛來，戴維・威斯勒閃躲不及，就這樣被壓成了肉餅。他的同伴被嚇得大哭起來，之後一直做噩夢。當地人從此稱這座橋為──「死亡之橋」。

32. 太監和珅長相形似冤死妃子

在大清王朝的歷史上，清高宗乾隆是一代英明君主，大貪官和珅是一個奸佞小人。以乾隆之英明卻寵幸劣跡斑斑的和珅長達廿餘年。對此，世人歷來眾說紛紜，莫衷一是，還真是個千古奇謎。

據《清宮遺聞》和《清朝野史大觀》記載，乾隆仍是太子

時，有一次因事進宮，看到父王雍正的一個妃子生得嬌豔無比，正對鏡梳妝，心中非常喜愛，不禁想和她開個玩笑，於是就從後面用雙手捂住那個妃子的眼睛。妃子不明就裡，手拿梳子往後擊打，正好打了乾隆的額頭。乾隆的母后見了，生氣地說：「妳竟然敢調戲太子，也太不要臉了。」盛怒之下，便將她賜帛自盡。

乾隆覺得很對不起這個妃子，悲慟不已，就用朱砂在妃子的頸上點了一下。他想，自己的一個玩笑竟讓這名妃子喪命，這也太教人難受了。所以，他心中一直懷有歉意。

後來，和珅入宮侍駕，乾隆越看和珅越像那個冤死的妃子，驗其項頸，果見頸上有一紅色胎記。叩其年齡，也與那妃子死去的年限相合，正好是廿五年。乾隆越發吃驚，遂認為和珅就是那冤死妃子死後的化身。

為償還年輕時的「孽債」，乾隆便對和珅寵愛有加，處處祖護，和珅於是平步青雲，步步高升，以至權傾朝野，作威作福長達廿餘年而屹立不倒。直到乾隆死後，嘉慶皇帝才將他扳倒，死時居然也是以白綾賜死，與那妃子一般無二，這還真是歷史的巧合。

33. 死之銀匙聲

這是一九一八年八月末發生在俄國提比里斯的事。

貝爾納魯特‧卡金斯基是蘇聯知名的傳感資訊研究專家。十九歲大的M是卡金斯基的好友，他臥病在床已經好幾週了。卡金斯基每天工作結束後就去探望他，畢竟M的住處和卡金斯基家僅相距一公里。

有天夜晚，他從M處回家後非常累，一頭倒在床上便睡著了。夜深人靜，卡金斯基酣睡著。忽然間，一個清晰的聲響劃破寂靜無聲的臥室，驚醒了他——這聲響多麼像銀湯匙和玻璃杯互相撞擊的聲音啊。他原本以為是貓爬到桌子上胡鬧，碰得茶具亂響。卡金斯基起身打開檯燈朝桌上看去，沒有玻璃杯，沒有湯匙，甚至連貓的影子也沒有。他看了看錶，正好是深夜兩點鐘。

次日下班後，他一如往常朝M家走去。可是，越走近M家，他越感到忐忑不安。一到門口，他就知道M家出事了——朝著大街的門敞開著，卡金斯基慌忙跑進屋裡，密友M已靜靜地躺在那兒，長眠不醒了。

M的母親坐在床邊哭腫了雙眼。當卡金斯基幫忙將死者的屍體從床上抬進棺材時，不小心碰撞到床邊的小桌。這時，「叮」一聲，傳來一陣銀器般的聲響。這聲音多麼熟悉呀，它和昨天夜裡卡金斯基在睡夢中恍惚聽見的聲音完全相同。

卡金斯基打了一個寒戰，他驚異地望向那張小桌，看見桌上放著一只盛了銀湯匙的玻璃杯。他本能地拿起那隻銀湯匙，並敲打玻璃杯，發出的聲響和昨夜聽到的聲音竟然完全一樣。他想：「我怎麼可能在昨天夜裡聽到這種聲音呢？」

M的母親和姊姊痛失親人自然不勝悲傷，她們頹喪得連招呼客人的能力也沒有。在這個時刻裡，卡金斯基理應多多幫她們的忙。可是此番意外的奇遇，使他忘記了這一切，呆站在那裡沉思。

突然，他從木然呆想中清醒了，於是向朋友的老媽媽詢問M死時的情景。老媽媽說：「那正好是深夜兩點鐘的事。因為醫生吩咐要在這個時間讓兒子喝藥，我就把杯中的藥拿湯匙餵他。可是，當湯匙的藥送到他嘴邊時，他卻已經斷氣了。他的心臟停止跳動，藥也不能喝了……」卡金斯基一定要老媽媽表演給他看。老媽媽便用顫抖的手拿起湯匙，從玻璃杯底將藥盛出。這時，卡金斯基的耳邊又響起和昨夜完全相同的聲音。他不禁感到毛骨悚然，渾身顫抖。

34. 莎士比亞生日忌日同一天

史上最重要的劇作家莎士比亞，於一五六四年四月廿三日出生於英國中部史特拉特福鎮的一個商人家庭。他七歲上學，十六歲時因家境漸趨窮困而輟學。此後，他先在一個屠戶家當學徒，又在鄉間教過書。後來因為在當地富豪兼保安官的領地偷獵鹿兔而獲罪，他只好撇下家庭逃到倫敦，在劇場裡幫忙看馬、做雜役，並開始創作劇本。

起初，一些專業編劇家恥笑他沒受過像樣的教育，「只懂

得一點拉丁文和少得可憐的希臘文」，說他是「混跡白鴿群中的烏鴉」。但莎士比亞無視這些嘲諷，拚命進行藝術創作，很快便成為出類拔萃的人物。他一生中寫了許多劇本和詩歌，流傳下來的有卅七部戲劇、兩首長詩和一百五十四首十四行詩。

在莎士比亞的早期創作中，他逐漸形成了人文主義思想和獨特的藝術風格，映現出英國社會五光十色的現象。《羅密歐與茱麗葉》反映了人文主義者在愛情理想和封建惡習之間的衝突，體現莎士比亞個性中解放的思想。同期的《威尼斯商人》則尖銳諷刺高利貸商人極端利己的本性，富有深刻的社會意義。

莎士比亞的創作高峰正是那熟為人知的四大悲劇——《哈姆雷特》《奧賽羅》《李爾王》《馬克白》。其中，《哈姆雷特》堪稱世界最佳悲劇，主人公哈姆雷特也成了最複雜、最受人討論的文學典型之一。莎士比亞於晚年轉入悲喜劇的創作，寄望於烏托邦式的理想世界，作品有《辛白林》《暴風雨》等。

莎士比亞逝世於一六一六年，有趣的是，他的生日和忌日都是四月廿三日，這麼巧的事，是極為罕見的。英國人民不但每年都為他舉行紀念活動，而且還每隔兩年舉行一次「莎士比亞戲劇節」。

雙胞胎密語

雙胞胎兄弟或雙胞胎姊妹之間，往往能創造一種溝通感情、交流思想的祕密語言，其中又以「超感應力」最為人津津樂道。這一篇收錄的雙胞胎奇聞妙事，定能讓你大飽眼福，大開眼界。

1. 未曾謀面的雙胞胎兄弟

美國一對孿生兄弟約翰‧斯普林葛與約翰‧路易斯的母親是一名單身女子。她因為瘋狂愛上了一個人，而執意要為他生下本不應該生的孩子。生下孩子後，孩子的父親就再也沒有出現過。

可是，她也不恨他，她理解他，而且因為這是她自己的選擇，所以也沒有什麼話可說的。但由於經濟狀況欠佳，這位單親媽媽不得不把她心愛的雙胞胎兒子送人，她感到非常傷心無奈。而為了讓兩兄弟長大後能夠相認，她便在他們的脖子上都掛了塊一模一樣的玉，這兩塊玉是她母親傳給她的，說是家裡的傳家寶。

就這樣，約翰‧斯普林葛與約翰‧路易斯出生後，還未滿月便「各奔東西」。三十九年之後，他們在一個偶然的機會下遇到了彼此。當他們聊起天來，才發現兩人竟然是孿生兄弟，於是高興地擁抱在一起。

他們一起到酒吧喝酒聊著這些年來各自的經歷。約翰‧斯普林葛說：「我一開始是和一個叫琳達的女人結婚，可是兩人的個性差太多，根本無法一起生活，於是只好分手。分手後，我們之間仍然保持聯繫。後來我遇到了貝茜，也就是現在的妻子。我現在的妻子非常好，我很愛她，我們已經生了兒子了。」

當約翰‧斯普林葛述說自己的結婚經歷時，約翰‧路易斯

的眼睛則睜得老大。約翰‧斯普林葛問他：「你為什麼這麼驚訝？有什麼不對的嗎？」約翰‧路易斯驚叫著說：「天哪，這太不可思議了。我的前妻也叫琳達，我們也是因為性格不合而分手。後來，我們也還保持著聯繫。而且，我現在的妻子也叫貝茜，我們現在的生活也非常美滿。天呀！」

約翰‧斯普林葛也驚訝地叫起來：「天啊，這太巧了。我和老婆現在已經有兩個孩子了，我的大兒子叫詹姆斯‧亞倫……」

「你說什麼？你的大兒子叫詹姆斯‧亞倫？天啊，我的大兒子也叫這個名字。為了這麼多的共同點，我們乾杯。」兄弟倆高興地乾起杯來。

在他們更深入地交往後，他們又發現彼此還有另外兩個共同點——他們都擁有同一款水藍色的高級ＢＭＷ轎車，還各養了一頭名叫「伊」的法國名犬。真是太不可思議了！

2. 四胞胎中有兩胎是……

卅五歲的黛娜‧卡爾森結婚四年多，一直想要個孩子，但始終沒能成功懷孕，可是一旦成功卻把生育專家嚇了一跳，她居然懷了四個孩子，而且奇特的是，有兩個孩子是人工授精來的，另外兩個是自然懷孕懷的。

由於多年來一直沒有懷孕，有年春天，卡爾森夫婦決定求

助於醫學專家，美國史丹佛大學的婦產專家們為他們實施人工授精法，他們取了丈夫的精子和太太的卵子在試管中受精，然後將兩個受精卵置入太太的子宮中，兩個受精卵居然都成功著床了。

肚子裡的寶寶一天天長大，黛娜按照醫生囑咐進行超音波檢查，可是讓醫生大吃一驚的是，他居然在黛娜的子宮發現了四個胎兒！院方一直認為應該只有兩個，因為清楚記得是為黛娜放置了兩個受精卵。醫生後來才發現，就在他們取出黛娜的卵子、進行試管受精那一天，她也成功地自然受孕了。

史丹佛大學的婦科醫學和產科學副教授雅明・米爾基博士說，從黛娜體內採卵的那一天，躲在她輸卵管裡長達五天的一個精子與她的一個卵子結合了，而那個卵子也是採卵進行試管受精過程中的一個「漏網之魚」，之後這個以自然方式成功受孕的受精卵裂變成兩個，發育成兩個胎兒，再加上人工授精的兩個胎兒，黛娜最後懷了四個孩子。

當談到黛娜好幾年以來都無法懷孕、為什麼偏偏那一天卻懷孕了，米爾基博士說那是因為凡接受人工授精的婦女都必須提前一段時間服用促進生育的藥物，這使黛娜體內的雌激素上升，從而為精子與卵子的結合創造了很好的條件。

採卵五天之後，也就是說在黛娜不知不覺懷孕了五天後，醫生又將兩個受精卵置入她的子宮，完成了人工授精的過程，當然，醫生當時並不知道黛娜已經懷孕。米爾基博士感歎道：「真是不可思議，四個胎兒都活了下來，而且都非常健康，這

種機會眞是百萬分之一。」最後，黛娜在醫院住了六個星期後，終於生下四個健康的嬰兒。

談到黛娜的故事，米爾基博士一直感歎不已，他說卡爾森這一家的故事很少見，而且也很美好，因爲結局是幸福的。要知道，懷上四胞胎的孕婦，有一半的比例都要提前十週生孩子，而且還將伴隨許多併發症，而黛娜居然萬事大吉。

卡爾森夫婦則激動地表示，儘管他們不曾這麼期望，但他們家一下子就成了一個大家庭，這讓他們感到很幸福。

3. 又見兩對雙胞胎，賓果！

母親自己是雙胞胎之一，然後又生下兩對雙胞胎，這種連描述起來都十分拗口的事卻於二○○四年八月十三日眞的發生在美國女子賈娜‧莫里斯身上。

記者採訪了醫生，醫生說這種情況發生的機率爲百萬分之一。更令人稱奇的是，八月十三日這一天剛好是莫里斯的卅四歲生日。這下子，她自己、她的攣生姊妹，還有她所生下的兩對雙胞胎全都在同一天生日，這眞是個天大的巧合。

幫助這位孕婦順產兩對雙胞胎的美國賓夕法尼亞州蘭可諾醫院說，賈娜產下了兩對同卵雙胞胎，分別爲一對男孩和一對女孩，母子五人均平安。自己就是雙胞胎之一的賈娜說：「這個『生』日對我來說實在太特別了，我好高興。這是多麼意外

的奇蹟與巧合呀，我的四個寶寶竟然跟我一起過生日，我真是太幸福了，而且寶寶們都很健康。」賈娜的幸福洋溢在臉上，讓她忘卻了生產時的疲累。助產醫生安德魯‧格爾森說，這種情況在一百萬組四胞胎中才會出現一次，也就是說，這是個奇蹟中的奇蹟。

不過，這項「奇蹟」其實攙雜了人工成分。原來已有一個兩歲大兒子的賈娜，其實是在一月份接受了胚胎移植手術。為確保「萬無一失」，醫生當時便在賈娜的子宮內一次植入兩個胚胎細胞，沒想到結果出乎意料——這四個寶寶早產了兩個多月，每個人體重約為一～一點五公斤，儘管他們目前都得靠呼吸系統輔助呼吸，但醫生們預計他們九月底以前就可以出院。

4. 他們的養子都是中國孩子

美國亞利桑那州有一對維尼克拉森夫婦，領養了一名三歲大的中國小男孩西衛。而阿拉巴馬州的沃特夫婦也領養了一名三歲大的中國男孩陶陶。在此之前，這兩個家庭毫無瓜葛，互不認識。

日前，兩家藉由網際網路認識了，而他們之所以認識彼此純屬偶然，也因為聊得來，所以經常交流各自的生活。就這樣，隨著在網路上的交談越深入，這兩家人吃驚地發現他們都是從中國領養了孩子，孩子的年齡也都相同，而且這兩個孩子

都是同一天遭到遺棄，上顎都是先天性唇顎裂。

這些共同特徵引起這兩個領養家庭的濃厚興趣。莫非他們是一對攣生兄弟？天下竟有如此之巧的事？為了弄清真相，兩個男孩的養母分別交換了孩子的照片。從照片上看這兩個小傢伙，竟像是從同一個模子倒出來的。

接著在二○○四年七月，他們對孩子進行了ＤＮＡ測試，檢驗結果表示，這一對小男孩在紅血球的遺傳上具有百分之九十八的相似度。此意外巧合讓兩家吃驚不已，他們都說：「這個世界上真是充滿了巧合。如果不是在網路上認識，這兩個孩子也許這輩子都不可能相識，也不可能知道自己還有一個攣生兄弟。」

九月卅日，思手足心切的陶陶和他的養母沃特太太，特地從阿拉巴馬州搭飛機，來到亞利桑那州的土桑國際機場。從中國到美國，在這異國的機場，三歲的西衛和陶陶這對攣生兄弟終於團聚了。

5. 真正的「感同身受」

二○○○年九月廿八日中午，臺北市發生了一樁奇事——有對攣生姊妹的妹妹猝死，姊姊聞訊後廿分鐘也出現求生意志薄弱的情況。

這對攣生姊妹的感情非常好，兩人在母親眼中相當於一個

人。小時候，兩姊妹一起上學，一起下課，甚至一起喜歡上英俊的班導。她們兩人喜歡穿一模一樣的衣服，紮一樣的髮型，穿一樣的鞋子，就連父母有時也經常分不清究竟哪個是姊姊，哪個是妹妹。不過，她們長大結婚後自然就不再住一起。當然，她們有時會相約一起回家看望父母。

這天中午，這對孿生姊妹剛好在父母的家裡。她們正在聊天，姊姊突然發現身體不好的妹妹口吐白沫、眼神渙散，便趕緊找來爸媽準備送她去醫院，可是沒能來得及，妹妹竟不治而亡。當爸爸告訴姊姊，妹妹已經死了之後，姊姊突然眼神呆滯，並且不再說話。她的爸媽害怕極了，趕緊把姊姊送進醫院，讓平時很寶貝她們姐妹的爸媽急得直哭。

據瞭解，雖然這對孿生姊妹已各有家庭，不住在一塊兒，但她們不僅長得像同一個模子刻出來的，而且連走路姿勢都很像，抽的菸也是同一個牌子。

精神科醫師告訴記者，雙胞胎之一若猝死，另一方常常會產生厭世的念頭。尤其是同卵雙胞胎，她們的基因和生長環境都一樣，情感連結自然比一般兄弟姊妹還要強，常常會出現「感同身受」的情況。

6. 孿生姊妹瘋狂愛上同一個人

英國約克城有一對孿生姊妹，她們的相貌、性格、思想、

行動和愛好完全一樣。兩姊妹都長得非常漂亮，蓄著一頭金黃色秀髮，眼睛同樣大大的，看待事情都比較執著，而且她們的愛情觀、人生觀也幾乎一模一樣。

對外界事物，她們幾乎總是異口同聲表達自己的看法，而且她們連說話聲調都一樣，說話時手勢也一致，甚至連走路姿態也相同。她們是如此相似，就連父母也經常弄不清楚到底誰是姊姊，誰是妹妹。

如果有人想把這對孿生姊妹分開，她們就會不自覺哭個不停。她們無論做什麼事都要在一起──一起上學，一起下課，一起出去玩。她們幾乎從無一個人獨處的時候，因為她們誰都不希望單獨行動。為了使她們能習慣各自分開活動，卅年來，她們的父母跑了許多醫院，但無論怎麼努力都無濟於事。

更有趣的是，這對孿生姊妹有天一起搭計程車，計程車司機長得非常帥氣，她們便同時喜歡上了他，事後並經常與這名司機約會。帥氣的司機也沒說自己究竟喜歡哪一個，就這樣與她們兩姊妹同時交往著。

時間一天天過去了，這兩姊妹仍然瘋狂地愛著自己，惹得司機到後來也不知該如何處理這件事。為了避開麻煩，司機與別人結了婚，可是這對姊妹還是經常尾隨他，有一次，她倆竟然躺在這位司機的車子前面，以示「抗議」。

7. 神祕的心靈感應

考試答題如出一轍

美國維吉尼亞州的孿生姊妹之一露絲·格羅費說：「我和我的孿生妹妹南茜，年輕時都在紐約州奈亞克中學讀書。有一次我們一起參加考試，有六個考題可供選擇。監考人從這張桌子走到那張桌子，觀察每個考生作答的情況。當我交卷時，監考人請我留下，給我看了她在南茜考卷末尾寫的幾行字——『南茜和露絲分開坐在本教室的對角位置。她們選擇了相同的考題，並且幾乎每句話、每個字都寫得一樣，我們推測她倆是孿生姊妹。』看完這段文字後，我對監考人員點了點頭，便離開了考場。」

感受對方的痛楚與情緒

曾經，一個年輕女孩正感到腹部疼痛時，有人告訴她，她的孿生姊姊因闌尾炎住進了醫院。當她和母親趕到醫院時，姊姊已被送到手術室，她們只好在外面等候。等了好久還不見人出來，母親便說：「手術大概快結束了吧！」妹妹卻說：「不，媽媽，我能感應醫生割闌尾和縫合刀口的時刻，而現在醫生才剛開始動手術呢。」果然如此，醫生後來也證實手術的時間的確推遲了。

一名住在洛杉磯的女性，她的同卵孿生妹妹因飛機墜毀而身亡，恰恰就在那一刻她也突然感到全身火燙、劇疼，眼前漆

黑一片，並從那時開始覺得心神不寧，不久就傳來了妹妹死去的噩耗。

迪拉和史黛拉是美國印地安那州的一對孿生姊妹。有一天，迪拉去參加狂歡節，史黛拉留在家裡熨衣服。史黛拉不小心被電熨斗燙傷了手，這時她突然感到一陣恐懼，噁心地直想吐，預感將有不幸的事發生。史黛拉立即奔向正在舉行狂歡節的公園，她看到很多人圍在一架已經倒塌的雲霄飛車前。抬頭望去，有個座艙在上面晃來晃去，眼看就要斷裂，可怕極了，上面坐的正是她的姊姊迪拉。當救難隊趕到，救下迪拉後，她便往妹妹這邊跑來，看也沒多看，便直接問史黛拉：「妳怎麼又燙到手了？妳什麼時候才能學會使用熨斗呢！」

有一對自小分居、寄養兩地的孿生兄弟，兄在上海，弟在無錫農村。有趣的是，一九八一年的某天傍晚，兩人都各自感到一股莫名其妙的氣惱情緒，結果都與旁人動手吵了嘴。從此，當住在大城市的哥哥與人嘔氣時，住在鄉下的弟弟心裡就會感到懊喪難受；而當鄉下的弟弟受人作弄時，住在上海的哥哥也會閉門不出，免得被人欺負。

距離不是問題

有對孿生姊妹出生後便分開，直到廿六年後才重新團聚。她們一個住在美國緬因州，是一名美髮師，有個名叫克莉斯頓的女兒。另一個住在英國，職業也是美髮師，而且也有個名叫克莉斯頓的女兒。還有一對分離後又再團聚的孿生姊妹，她們

兩人各有一個兒子，一個叫理查・安德魯，另一個的兒子叫安德魯・理查。

四十七歲的奧斯卡和傑克，是一對出生在千里達島的孿生兄弟，父親是猶太人，母親是德國人。出生後不久，奧斯卡由母親帶到德國撫養，並成為一名天主教徒；傑克則由父親按照猶太人的風俗撫養，住在加勒比海一帶，目前住在美國。這兩兄弟的工作、生活和家庭狀況都完全不同，可是當闊別四十年的他們第一次見面時，卻戴著相同的眼鏡，穿著同一款式的衣服，留著同樣的鬍子；他們在接受一組問題測驗時，也顯示出同樣的態度和習慣。

布莉姬和樂絲是一對卅九歲的英國籍同卵孿生姊妹。她們於第二次世界大戰期間分開，直到最近才見面。久別重逢的兩人，手上都戴了七枚戒指，其中一位的手腕戴了一個手鐲，另一位戴了兩個手鐲。一位的兒子取名李察・安德魯，另一位的兒子則叫安德魯・李察；而她們的女兒，一個名叫凱薩琳・露易絲，另一個則叫卡倫・露易絲。這兩姊妹唯一的不同是——那個在貧窮家庭裡長大的，有著一口壞牙。

8. 親兄弟寫文章，難分抄襲！

法國的羅伯・蓋伊阿與羅伯・加羅迪是一對孿生兄弟，他們從孩提時代就分住北部與南部，那是因為他們的父母在他

三歲時，就因一方有外遇而離婚了。自父母離婚後，他們再也沒見過面彼此。

兩兄弟長大後，才各自從一些祕密信件得知自己還有一個孿生兄弟。可是，當他們向自己的父母追問，他們卻都表示已多年沒有聯繫，所以也不知道對方現在究竟在哪裡。但在努力不懈的調查下，這對孿生兄弟終於聯繫上了彼此。

不可思議的是，他們成年後都不約而同矢志於醫學，而且兩人對醫學的著迷程度，無不讓他們的同學感到驚訝。他們以優異的成績從醫學院畢業後，便分別在盧昂和尼姆的兩家醫療機構工作。

不久前，兩兄弟突然靈感乍現，各自寫下一篇題為〈精神治療之研究〉的文章。寫完後，兩人又不約而同修改一番。他們均自認這篇文章寫得還不錯，於是在同一天向法國的《大眾健康》雜誌投稿。

當編輯部的人收到這兩篇文章稿件時，他們都嚇呆了。因為兩篇文章的內容、段落安排及措詞造句，甚至連標點符號都表現出驚人的一致，這可令相關編輯人員感到滿腹疑惑：「到底誰才是剽竊文章的人呢？這兩篇文章怎麼會這麼像？而且，從郵戳來看，兩人都是在同一天寄出這篇文章的。這真是太不可思議了。」

後來，當編輯部的人知道他倆是一對雙胞胎後，更加驚訝了。醫生說，這是一次天衣無縫的巧合。

9. 同生共死中國兩兄弟

　　湖南省長沙縣瀏陽市大圍山鎮，有對孿生兄弟竟然在同一個月份相隔一日先後亡故。

　　吳炳漢、吳炳其這兩個老人出生於一九一九年十二月廿九日。兩兄弟從小體格健壯，體魄非常棒，十歲時便能並肩當頭牽水牛犁田，這讓村裡的人都感到不可思議。到八十歲時，兩人每餐仍能喝上半斤白酒，而且經常在一起喝酒。

　　兩人從未吵過架，感情很好，就連許多喜好也一樣，甚至經常連想到的事情都一樣。有時，哥哥說出上半句話，弟弟馬上就可以接下半句，且絲毫不差。這一切讓兄弟之間的相處充滿了樂趣。

　　最有趣的是，兩人的妻子也是同月同日出生，這個巧合也爲他們的家庭生活更增許多意想不到的樂趣。由於緣分十分難能可貴，所以大家都非常珍惜在一起的日子。兩家人一直都和和樂樂的，無論有什麼事都會互相照應。

　　不久前，吳炳其突然病重，癡呆地連兒孫都不認得了。哥哥吳炳漢聞訊，趕緊過來看看弟弟的情況，一進門就直奔弟弟的床。原本已神智不清的弟弟，聽聲音便知道是哥哥吳炳漢來了。此時奇蹟出現，他竟坐了起來，抱著哥哥痛哭，不想先哥哥而死。哥哥吳炳漢也哭了，他也不希望弟弟死去。

　　一心惦念弟弟病情的吳炳漢，在探望完弟弟的返家途中，可能由於精神恍惚，而意外被拖拉機撞倒。因爲傷得很重，吳

可怕的巧合

炳漢於十一月二日凌晨一點亡故。弟弟吳炳其接到哥哥死去的噩耗，非常傷心，於翌日十一月三日清晨六點病故。

10. 你痛我也痛

超感應力是孿生子的其中一項獨特迷人之處。

美國馬里蘭州洛克維爾市的工程師唐諾，和住在芝加哥的路易士是一對孿生兄弟。兩人從小一起生活，父母有時甚至認不出誰是唐諾、誰是路易士，因此他們也常常和父母開玩笑，鬧得家裡常常笑聲滿堂。

這對兄弟後來也在同一所大學讀書，不過他們主修的系所不同，畢業後便各自去了不同的公司上班。後來，路易士因喜歡上一個女孩子，就和對方一起去了芝加哥。此後，他們兩兄弟的聯繫便日漸少了。

兩年前的某一天，唐諾在上班時，鼠蹊部突然劇痛難忍。同事們看他痛得那麼厲害，趕緊送他到醫院進行檢查。可是經過一連串的檢查，醫生確認他沒什麼事，可能只是超感應現象在作祟。醫生問他：「你是不是有孿生兄弟或孿生姊妹？」唐諾說自己有一個孿生弟弟住在芝加哥。醫生說：「那很可能是你弟弟受傷了，打電話問候他一聲吧。」

唐諾很擔心弟弟，便和住在芝加哥的路易士取得了聯繫。他的第一句話就問：「弟，你沒事吧？」路易士說：「沒什麼

事。我只是因為騎馬的時候鼠蹊部不慎受了傷，痛得要命，所以臥床休息了好幾天。咦，你怎麼會知道我受傷了？」唐諾便將自己先前的情況告訴弟弟，路易士也覺得非常驚奇。唐諾這才知道醫生所言不假。

看來，孿生子之間還真是有超感應力。

11. 短短一條街有十四對雙胞胎

湖南省長沙縣瀏陽市黃花鎮大興村，有條卅公尺長的小街，住著卅多戶村民。在不到八年的時間內，這裡竟誕生了十四對雙胞胎。據醫學資料顯示，人類生雙胞胎的機率大約只有十萬～二十萬分之一。到底是什麼原因造就了這條「雙胞胎街」？

據瞭解，這些雙胞胎的父母家族之間並沒有血緣關係，而一條小街竟如此密集地出生了十四對雙胞胎，也讓當地居民十分不解。村民楊敏提到，她的叔叔楊國兵在四、五年前生了三胞胎，另一個叔叔楊建輝也喜得龍鳳胎。黃花鎮掌管生育事務的行政人員粟群說：「他們這裡出生的雙胞胎特別多，每年都有十對以上。」對於為何會有這麼高的雙胞胎出生率，她也疑惑不解。

一個生下雙胞胎的母親楊玲芝說，當時自己所生的孩子長得根本不像，而且大的那個體重較重。後來，兩個孩子分別住

在奶奶和外婆家，如今孩子已經八歲了，都在小學讀書。但讓人感到奇怪的是，他們兩兄弟從小就有一種特別的身體感應力。三、四歲時，這兩個孩子雖然住在不同的地方，吃的食物也不相同，但哥哥有次因為吃壞東西腹瀉不止，巧的是兩天後，弟弟也無緣無故出現了同樣的症狀，這真是非常奇怪。

大興村中年紀最大的雙胞胎是廿三歲的女孩唐波和唐喜。據唐波指稱，她與妹妹的出生時間僅相隔廿分鐘。出生十五天後，她們就分別住到外婆和奶奶家去。懷她們姊妹倆的期間，母親並沒特別吃什麼補品，只吃些自家種的新鮮蔬菜和瓜果；而她與妹妹出生後，也沒補充什麼特別的營養品。

這條街究竟為什麼會有這麼多雙胞胎、多胞胎、龍鳳胎呢？據說，相關單位目前仍在調查中。

12. 女嬰肚裡藏了寄生胎

有名孕婦本來懷了三胞胎，但懷孕期間，其中兩個胚胎竟被另外一個胚胎包入腹中。而這等怪事竟讓家住南山的黃姓夫婦遇上了——他們剛出生的女兒，生下來不到兩個月即腹脹如鼓，經過手術，醫生竟從該女嬰腹中取出兩個已經成形的胚胎。專家說明，像這樣被同胞姊妹包住的寄生胎十分罕見，機率為百萬分之一。手術後，這名女嬰的身體各項指數均已穩定，醫生說女嬰往後的生活並不會受到影響。

這名包覆住自己「兄弟姊妹」的女嬰叫做小慧，小慧的媽媽說，她和丈夫住在廣東省深圳的南山區，自從知道自己懷孕後，他們夫婦倆都非常開心。小慧出生後，他們自然百般呵護，可是出生四十天左右，她突然發現小慧的肚子漸漸鼓起，而且越脹越大，才廿天肚子便脹得像個小西瓜。他們感到不對勁，便帶小慧去惠州市做檢查，醫生說是腫瘤。

　　這對驚慌的父母趕緊又帶小慧到市立兒童醫院，經檢查發現小慧腹中竟是極罕見的寄生胎。醫生說明，寄生胎屬於連體嬰中非常罕見的一種，原本是共存於母體的三胞胎，但在胚胎時期，其中一個或兩個被另一個包進體內，被包覆住的這兩個胚胎便無法發育成真正的生命。「這種機率僅百萬分之一。」醫生說他從醫廿多年，在全國各地的醫院服務過，也從沒見過這種病例，這在深圳也是首例。

　　醫生說，檢查之下發現小慧腹中的寄生胎已經長得非常大了，重量占了她體重的七分之一，並且將她小小腹腔內的肝臟、腎臟等臟器壓迫得像張白紙般薄。「如果再不醫治，小慧很可能性命不保。」那年的十二月份，歷經數小時手術，醫生成功從小慧體內取出一對已經成形的雙胞胎。

13. 孿生子的疾病巧合

知名的老年學者羅克斯坦曾親眼見到一個驚人的巧合——

在他辦公室工作的女祕書，她的丈夫因心臟衰竭死於週六。兩天後的週一早晨，他們收到一封來自牙買加的信，是女祕書丈夫的同卵雙生兄弟家裡發來的，信中說這名兄弟已於上週六亡故。

有兩名空軍飛官，他們在一九七五年五月四日那天同一時間裡，冠心病發作了。他們是孿生兄弟，分別被送到同一座城市的兩家醫院，雙方家人都不知道另一家醫院的急診室也正發生同樣的事。事後，雙方家屬才知道這對孿生兄弟不僅死因相同，且幾乎是同時死去。

一九七五年十二月的某一個傍晚，六十六歲的約翰突然感到疼痛，他被送進布里斯托醫院，就在同時，他的孿生兄弟毛福斯也因同樣的症狀被送進溫莎醫院，而且兩人被送到醫院後不久便雙雙死於心臟病。他們的姊妹回憶道：「從童年起，他倆做任何事總是在一起，而通常一個遭遇到什麼事，另一個也會遭遇到。」

有一對孿生兄弟，他們戴著度數相同的近視眼鏡，並都在四十四歲時進行了甲狀腺手術。

有一對孿生姊妹，她們都在青春期兩個相差不遠的日子裡，修補了同一個部位的臼齒，後來又都進行了脊椎切除術，且切除了相同的椎間盤。

有一對六十三歲的孿生兄弟，約莫同時發生了惡性貧血的症狀。

德國有一對孿生兄弟，他們不僅長得一樣，遭遇也相同。

不久前，哥哥患了闌尾炎，進行手術，四個小時後，他的弟弟也患了闌尾炎。這是一九八六年七月九日《武漢晚報》所刊載的一則消息。

卅年來，孟德爾遺傳學研究領域（Mendelian Genetics）共研究了一萬五千對以上的孿生子，大量紀錄顯示，若有一種疾病在其中一個孿生子身上出現，不久後也會在另一個人身上出現。因此，吉利德博士提出了「時間表遺傳學」的新理論，他認為遺傳基因中攜帶了遺傳訊息的「時間性」，意即遺傳基因決定了某些遺傳病發作的時間點。

14. 孿生姊妹同一天產下雙胞兒

二〇〇四年十二月十四日，美國有對孿生姊妹在喬治亞州的同一家醫院分別產下一對活潑可愛的雙胞胎，而且前後只相差一個小時，這真是一個不可思議的巧合與奇蹟。

據報導，廿一歲的愛希莉‧史賓克斯和安德麗亞‧史普林格是一對美麗迷人的孿生姊妹，她倆幾乎長得一模一樣，經常讓親朋好友認錯人。她們更是感情好得像同一個人，令人不可思議的是，這對孿生姊妹生長在一個奇特的雙胞胎家庭中，她們的父母，甚至她們的老公也都有孿生兄弟或姊妹。

二〇〇四年年初，這對孿生姊妹各自結了婚，不久又幾乎同時懷了孩子。當懷胎六個月時，她們兩人分別去醫院進行產

檢，做了超音波檢查後發現，她們腹中的胎兒竟然都是雙胞胎，而且都是男孩；更湊巧的是，她們的預產期都是二○○五年一月一日。消息傳出後，家族成員們無不深感喜出望外。

待產前，姊姊愛希莉從印地安納波里斯來到了喬治亞州，與自己的孿生妹妹安德麗亞住在一起，翹首期盼兩對雙胞胎的降生。經過商量後，這對孿生姊妹決定選擇同一天、在同一家醫院進行剖腹生產。

十二月十四日，在家人的陪伴下，這對孿生姊妹來到喬治亞州的南方醫院進行剖腹生產。才剛進產房沒多久，兩對活潑可愛的雙胞胎兄弟就呱呱落地，前後只相差一個小時。看著這四個手舞足蹈的小傢伙，這對孿生姊妹滿足得露出了幸福的微笑。

當天，愛希莉的丈夫伯特‧米恩斯千里迢迢趕到喬治亞州。米恩斯說：「我做夢也沒想到，她們兩姊妹竟然同時生下一對雙胞胎，而且全是兒子，這簡直是天大的巧合！」據米恩斯透露，他自己家族本來就有生雙胞胎的歷史，而且從未使用藥物或其他方式進行人工授孕，所有的雙胞胎都是自然受孕。

美國婦產科專家賴瑞‧松本說這種情況十分罕見，孿生姊妹在同一天生下雙胞胎的機率大約是百萬分之一，而且還都生兒子，機率就更低了。

15. 三姊妹生下三對雙胞胎

據生育專家統計，一名婦女產下雙胞胎的機會約為兩百一十分之一，而同一個家庭的三姊妹都生雙胞胎的機率約為九百萬分之一。但幾年前，英國的一家三姊妹就成了這極其幸運罕見的九百萬分之一。

三姊妹中的大姊瑪狄現年四十四歲，二姊羅汶娜卅八歲，老么邁琳達卅一歲。三姊妹從小感情就很不錯，長大成人後她們先後都各自有了幸福家庭，但彼此間的感情還是與小時候一樣要好。

一九九○年，大姊瑪狄生下一對雙胞胎，這對孿生兒子為他們的家庭帶來很多快樂。全家都為她感到開心與驕傲：「真好，能生下雙胞胎，而且這兩個孩子好可愛。」羅汶娜和邁琳達也羨慕不已。她們心想，如果自己也能生出一對雙胞胎那該有多好。

一九九九年，沒想到老二羅汶娜竟也生下一對雙胞胎，而且也都是兒子，大家驚奇萬分地說：「這實在太巧啦，聽說這樣的機率非常之少呀。」

幾年後，老么邁琳達在經過長久努力後終於懷孕，朋友們都開玩笑地說：「你們家生雙胞胎那麼有傳統，說不定妳肚子裡也是兩個！如果妳們三姊妹都有雙胞胎，那該有多開心呀。」老么邁琳達自己也是滿心期待。二○○三年八月，讓大家又驚又喜的是，邁琳達果真產下了一對雙胞胎，而且也是一

舉得兩男。

三姊妹都產下了雙胞胎，而且都是生兒子，這在英國可是頭一例。

16. 失散姊妹花與同一男友交往

一對墨西哥裔的同卵孿生姊妹，剛出生後不久，就因母親的經濟情況欠佳而被不同的美國養父母收養，從此這對姊妹天各一方。

這對姊妹一天天長大，可是在收養家庭的刻意隱瞞之下，她們一直都不知道自己真正的身世。不過，她們都過得很好，兩人的養父母都把她們當做自己的親生女兒看待。巧的是，這兩個收養家庭竟然都住在美國的紐約附近。然而，他們兩家互不相識。

但令人難以置信的是，這對孿生姊妹長大後竟先後結交了同一個男朋友！兩姊妹都非常愛自己的男友，當然她們並不知道對方的存在。不過，這名男子是先與這對姊妹中的姊姊分手後，才認識妹妹的，而且是在一次非常偶然的情況下認識。

這名男子認識了妹妹之後，對這一前一後兩個女孩在外貌上的驚人相似，感到非常訝異。他告訴妹妹，也就是他後來的女友：「妳知道嗎？我以前的女朋友跟妳長得幾乎一模一樣。妳相信嗎？妳們甚至連說話的語氣、走路的姿態、穿的衣服都

非常相似。難道，妳們是姊妹？」女孩表示，她不相信天底下會有這麼巧的事。

這名男子決定證明給她看，於是在他的安排下這對孿生姊妹終於相見了。見了面之後，經過深入瞭解與調查，她們發現兩人真的是姊妹，而且是孿生姊妹。就這樣，這對孿生姊妹如同陌生人般分開廿年後，終於奇蹟般地再次走向彼此的生命。

17. 雙胞胎姊妹竟「同母異父」

一則「孿生姊妹竟是同母異父所生」的消息披露，轟動了智利媒體。

這對姊妹分別為瑪麗亞・艾琳娜和法蘭切絲卡・哈比爾，當時她們已經兩歲大。可愛的兩姊妹與母親住在一起，但她們的母親因前男友近來拒絕支付孩子的生活費，而將這名一直被認為是兩個小女孩生父的男子告上法庭。

為此，法庭要這名女子先進行親子鑑定，沒想到，揭露出來的結果卻大出意料。鑑定結果顯示，瑪麗亞確實是這名男子的女兒，而瑪麗亞的妹妹法蘭切絲卡的父親，卻是另一名無法確定身分的男子。

孩子的母親矢口否認：「這不可能，兩個孩子都是他的。他應該要給兩個孩子生活費，這一定是弄錯了。」但後來她們又到歐洲國家進行了三次親子鑑定，仍然得到同樣的結果。

二○○一年，瑪麗亞的父親已恢復支付女兒的生活費，卻只支付一個孩子的費用。瑪麗亞的父親說：「瑪麗亞‧艾琳娜確實是我的孩子，但另外一個女孩就不是了。我不可能給另一個女孩生活費。」

科學家則認為，這名女子顯然曾在很短的一段期間內，與兩名男子發生性關係，這兩名男子各有一個精子與卵細胞相遇，使她受精，之後卵細胞分裂成罕見的同母異父雙胞胎；只是，這種情況的發生機率很低，專家估計為百萬分之一，他們都說這是一個奇蹟的巧合——令人難以相信，卻又必須相信。

18. 兄弟騎鐵馬共赴黃泉

芬蘭一對七十高齡的孿生兄弟，在三月五日先後因車禍喪生，出事時間只相差兩個小時，而且兩人都是騎自行車穿越同一條馬路時，意外被卡車撞死的。

據芬蘭警方透露，這對孿生兄弟生於一九三一年，一個住在帕蒂約基，另一個住在拉海，僅相距兩、三公里。這兩起車禍發生在芬蘭首都赫爾辛基市北方約六百公里的拉阿鎮，其中一人騎自行車穿越馬路時，沒注意到有輛卡車駛來，卡車來不及剎車，於是老人當場被撞倒在地。出事時，正颳著暴風雪，能見度很差，當交通警察趕到時，老人已停止了呼吸。

兩個小時後約莫中午時分，孿生兄弟中的另一人也騎自行

車外出，此時天氣已轉晴，但路面很滑，他在自己兄弟死亡地點往南一公里左右，也騎自行車穿越同一條馬路，這時正巧有輛汽車通過，但他沒看到汽車後面還有一輛卡車，因而被卡車撞倒。當交通警察趕到時，老人也早已停止呼吸。當時，警察感到非常奇怪，因為這兩個人長得太像了，簡直分辨不出是兩個人，經過調查才知道他們是孿生兄弟。

當地一名警察表示，第二起車禍的喪生者不可能知道自己孿生兄弟遇難的事，因為警方直到第二起車禍發生前不久，才辨認出第一起車禍的死者身分。

這名警察感歎道，發生在這對孿生兄弟身上的事還真罕見——他們不但同年同月同日同地生，而且同年同月同日同地死。難道這真的是命中注定嗎？又有誰能解釋得清呢？

19. 印度姊妹活到一百一十四歲那天……

印度有對孿生姊妹，她倆甚至在同一天結婚，最後活到一百一十四歲於同一天去世，這個巧合在當地一時傳為佳話。

孿生姊妹卡麗和巴圖麗出生於印度中部的西耶市，她倆從小感情就非常深厚；她們不但長得一模一樣，就連興趣愛好也幾乎一模一樣——兩人都喜歡穿綠色的衣服、都喜歡跳舞等等。巧的是，她們也差不多在同一時間各自交了男朋友，又同

時與男友論及婚嫁，她們甚至選在同一天結婚，此後便分開生活。不過，因為她們姊妹倆的感情很好，兩個家庭之間經常來往，好得就像一家人。

過了許多年，她們的丈夫相繼因病去世。當卡麗知道妹妹的丈夫也去世了，就對巴圖麗說：「妹妹呀，妳的丈夫也過世了，那我們就一起住吧，這樣我們也好有個照應。」於是，兩人又像未出嫁前那樣再度住在一起，共度餘生。這兩姊妹共有一百廿五名孫子和曾孫，可謂兒孫滿堂。

卡麗和巴圖麗都很長壽，成了人瑞。有一天，卡麗突然感到身體不舒服，家人趕緊送她到醫院。但不幸的是，醫院很遺憾地對她的家人說：「對不起，她已經停止呼吸了。請你們節哀。」家人頓時哭作一團。

不知道巴圖麗是否和卡麗心有靈犀，她也差不多於同一時間在家中壽終正寢，兩姊妹享年一百一十四歲。卡麗和巴圖麗的子孫，知道她倆姊妹情深，便決定將她們合葬，讓兩人生死永不分離。

20. 懷孕僅廿二週順利產下六胞胎

一名葡萄牙籍婦女在懷孕僅廿二週後，於二○○二年二月十日在葡萄牙首都里斯本的一家婦幼醫院順利生下六胞胎。

由於是早產，這六個小傢伙（三男三女）的體重最輕的僅

有四百零八克，最重的爲五百六十三克，他們出生後即開始接受特別照護。阿爾弗雷多·達·科斯塔婦幼醫院的醫生表示，新生的四十八個小時對小嬰兒們的生命至關重要，因爲全球各地曾有大約一百名婦女生過六胞胎，但六個孩子最終都能活下來的並不多見，這就要看小嬰兒們的運氣了，不過，看起來應該不會有什麼問題，他們的情況看起來都很良好。

這位名叫伊達利娜·桑托斯的卅一歲婦女，來自馬德拉島；在此之前，她已有一個八歲大的兒子。幾年前她曾懷過三胞胎，但由於懷孕併發症，最終不幸流產。

此次生產前，醫生曾建議伊達利娜：「妳不如進行流產手術，只保留兩個胎兒，讓他們出生後的存活機率更高一些，因爲一次懷六個胎兒是非常危險的。能不能順利生下來，能不能存活，都是未知數。」但伊達利娜拒絕了此一建議，她說：「不可能，我不可能動流產手術。我讓想自己的六個孩子都順利生下來。如果進行流產，只保留兩個胎兒，我以後一定會後悔的，也會非常傷心。我不能這麼做。」

不過，對伊達利娜來說，如何養活這些孩子還真是個大問題，因爲她的丈夫只是個木匠，月收入只有四百歐元左右，而她本身則是家庭主婦。但伊達利娜表示，無論如何她都會讓孩子們健健康康地成長。她說，儘管目前家中的經濟條件不好，但以後一定會慢慢好起來的。

21. 剖腹生下七胞胎，幸運均安！

　　約旦醫院的賈米勒·沙阿巴尼醫生，曾在二〇〇四年八月廿三日舉行的記者會上宣佈，一名來自利比亞的婦女伊卜蒂賽姆·賽伊布日前在該醫院進行剖腹產手術，順利生下七個嬰兒。

　　沙阿巴尼說，人類一次生七個嬰兒十分罕見，在約旦更是史無前例，這七胞胎中有五個男嬰、兩個女嬰。儘管比預產期提前七天出生，但嬰兒的健康狀況皆很良好，體重最重的甚至達一千一百克，最輕的則有七百五十克。沙阿巴尼說，為防止意外流產，約旦醫院在賽伊布臨產前一直密切關注她的健康狀況，做好隨時迎接新生兒的準備。賽伊布分娩時，約旦醫院共有四名醫生、七名護士和其他四名醫務人員幫她接生。

　　賽伊布是利比亞的一名工程師，她說為了確保孩子們能順利出生，她曾和丈夫艾哈邁德到埃及接受安胎照護，但他們最終還是選擇安曼做為孩子的出生地——因為他們覺得安曼是個不錯的地方，而且約旦醫院也聲名在外，約旦醫院方面更是為了寶寶們的出生做了很多準備工作。

　　賽伊布說，順利產下七胞胎後，她感覺好極了，更開心的是寶寶們也都很健康。她說，自己能懷上七胞胎並順利生下來，這真是個奇蹟，她現在已有一種做媽媽的幸福感。

　　據瞭解，在此不久前的六月份，一名巴勒斯坦婦女也曾在東耶路撒冷成功產下七胞胎，但由於健康因素，新生兒出生後不久全都夭折。看來，賽伊布真是個幸運的女人，一個幸運的媽媽。

無形大手撥弄

您知道鼎鼎有名的百慕達三角洲，位於神祕的北緯卅度嗎？這世上的確發生過許多超自然的神祕事件，每道謎題皆艱澀而誘人，有的甚至一直矗立地表堅守它們的奧祕，它們究竟想向人類揭示些什麼？

1. 死神雕像酷似布希

二〇〇三年，曾有考古學家在埃及的一座距今四千年的墓葬廟宇牆上，發現一張酷似前美國總統喬治‧布希的雕刻畫像，而這座雕像據說是代表死神。考古學家們發現這座雕像後覺得非常吃驚，驚訝世界上竟然會有如此巧合的事情，這太令人難以置信了。

美國考古學家沃尼說：「如果你看到畫像，一定會為他跟布希是如此相似而震驚，因為實在太相似了，這雕像就連神情也與布希非常相似。你若看到，也許會懷疑自己的眼睛，或者，你甚至會懷疑是不是有人惡作劇在那裡放了一張照片。可是，這不可能，因為它不是一張照片，它確實是遠古的雕刻品，它跟金字塔一樣古老。也不是你的眼睛花了，因為這座雕像確確實實存在著。」

可是，為什麼會有如此巧合的事情呢？這究竟該如何解釋？

這座坐落在尼羅河西岸的古老廟宇於二〇〇一年被發現，但出於種種原因一直沒有開發。據考證，這座古老的廟宇是埃及黃金時代一位掌管財政的大臣為自己建造的陵墓。他在牆上雕刻這尊酷似布希的死神雕像，是否預示了布希將成為征服者，但這也許只是法老王夢中的景象。可是如果真是這樣，那就太不可思議了。難道他那個時候就能看到未來，看到現在？或者說，他的夢就那麼巧合地夢到了布希？

當然，這一切純屬猜測。但無論怎麼猜測，那座雕像是真實的，這是無庸置疑的。

2. 發出香味的寶地

近來有塊神奇的「香地」被發現了。這塊奇妙的香地，位於湖南省邵陽市洞口縣山門鎮清水村西北方約兩公里處的山腰上，那裡有塊凹地。這是個群山環抱、人跡罕至的地方，上邊是懸崖峭壁，下面是潺潺小溪。

據說，有位採藥的山民經常來到這片山採藥。一天，這位山民正巧路經此地，一股奇妙的香味撲鼻而來，他感到非常好奇，為查找香味的源頭，他查看了這裡所有的花草樹木，均不得要領。最後他突然明白，原來香味來自腳下的土地。這令他覺得非常驚奇，土地竟然會散發出這種奇妙的香味，實在太不可思議了。

香地的消息傳開後，人們紛紛來此。好奇的人們發現，這一奇特的香味僅局限在方圓五十公尺的範圍內，只要跨出這香地一步，香味頃刻就聞不到了。經過仔細的調查，細心之人還發現這裡的香味會隨著氣溫而變化，早晨露水未乾時，香味顯得格外濃郁，讓人非常陶醉；太陽似火的中午，香氣則轉微，這種香又另有一種風趣；黃昏、天陰或雨後天晴時，香味又會漸漸變濃，這時候的香又是另一種妙趣。

這是什麼原因呢？難道只是一個巧合？這股香味也會對人、對環境有所感應嗎？有關專家分析判定後認為，這種香味可能是這個地方地底下所含的某種微量元素所引起，當這一微量元素放射出來後，與空氣一接觸，就會形成一種帶有香味的特殊氣體。

3. 北京古城，龍的意象

於明朝永樂年間（一四〇三～一四二五年）建造的北京城，素以佈局嚴謹、建築壯麗聞名於世。近年來，科技工作者運用遙感探測技術從高空拍攝北京城的圖像，發現北京城區橫臥著兩條「巨龍」，上面還盤坐著一個「巨人」，甚是壯觀，這成了北京城的兩大新奇觀，令人驚歎叫絕。

人們從彩色遙感圖上可以看到，那兩條巨龍，從南向北，橫貫全城，結伴而行。其中一條是由北京的古建築所組成，可稱為「古建築龍」，它從天安門開始，迤邐延伸直到鐘鼓樓。天安門是龍嘴，金水橋是它的頷虯，東西長安街是它的長髯，太廟、社稷壇是巨大龍頭的龍眼，故宮便是龍身，其隆起部分是景山公園，鐘鼓樓成為這條巨龍的龍尾，而故宮的四個角樓則恰似伸向八方的龍爪。

另一條巨龍，是由北京的水系構成的，可稱之為「水龍」。這條水龍的龍頭是形狀半圓的南海，中海與北海連成彎

曲延伸的龍身，西北方向的什剎海則是一條搖擺的龍尾。

一條是古建築龍，一條是水龍，相依結伴，雄偉壯觀，如此神奇的巨龍，是設計者的精心設計呢，還是自然巧合現象？現在誰也說不清。

北京城的另一奇觀是景山公園的園林圖像。這圖像酷似一尊閉目盤腿打坐的巨大人像，巍巍然端坐在那裡。景山公園原是皇家御苑，位於故宮之北。是精心設計，還是純屬巧合？這也是一個謎。

4. 「佛」字純屬天然

位於北京房山區十渡鎮的十渡風景區，裡頭孕育了眾多巧妙的地質現象，成因獨特，造型奇美，堪稱地質奇觀，深具科學方面和旅遊方面的開發價值。

這位於北京郊區的十渡風景區有座龍山，在它上邊一塊直上直下的崖壁上，有個蒼勁有力的「佛」字，高三公尺有餘，寬約兩公尺，遠看則清，近看則濛；雨後則真，平日則虛。這個佛字完完全全是自然形成的，是水沿著岩石的節理裂隙，溶蝕、風化後所形成的痕跡。

龍山的岩石屬白雲岩，白雲岩可能被含有二氧化碳的水溶蝕，所以在有裂隙的地方，雨水一滲入表面就發生了溶蝕。由於裂隙面不平整、不均勻，有的地方溶蝕較重，因此即使是同

一岩層面也有顏色深淺的差異，形成了各種花斑、不規則的圖案，至於它何以能形成一個佛字，那完全是偶然、巧合，於是被稱為世界自然奇觀。

此外，房山區的平峪村有位牧羊人，曾在不小心跌下數十丈深的山澗後，於崖壁腳下發現了一尊形象逼真的石佛，它的雙手交叉腹前，自然而立，五官俱全，眉鬚分明。經專家鑑定，這是一大自然奇石，它是由上水石挾雜鐘乳石碎塊堆積而成的像形石。

石人身上長滿了青苔，嘴下、眉上等凹陷部位生有少許青草，頗似鬍鬚和長眉，身上的青苔則像衣服，頭部五官部位是未長青草的裸露部分，那是不上水的鐘乳石碎塊被膠結的緣故，其兩臂和手也全為鐘乳石碎塊。

石人原位於峭壁底下，從石灰岩縫隙中滲出含碳酸鈣的水溶液，因水壓減低和溫度降低，而使溶液中的碳酸鈣發生沉澱，上水石在堆積過程中也摻進崩落下來的鐘乳石碎塊；此外，因形成在陰暗潮濕的地方，故上面長滿青苔，也就是說，它之所以能形成直立的人形，是各種因素一起作用而成的自然巧合，這絕對是個罕見的自然奇觀。

5. 會走路的樹

河北省承德縣隆化縣境內最近發現一棵會走路的樹，據考

證至今已「行走」了兩百多年，移動了七十七點二公尺。

　　據新華社消息，這棵被當地人稱為「雙龍神樹」的古樹，是在該縣山灣鄉小扎布溝發現的。據村裡一名七十二歲的老居民劉寶發說，他很小的時候，爺爺就告訴他，這棵樹原本生長在南山窯溝門檻邊上，有一年村裡氾大水，山崩地裂，洪水沖走了好多房屋，這棵樹也被洪水沖進了溝膛。非常巧的是，這棵樹正好掛在溝邊一堆萬年蒿上，由於淤泥埋住了根鬚，這棵樹便奇蹟般活了下來。從那以後，它便溝南溝北地爬著長，後邊的根爛了，前面又長出了新根，這樣一年一年移動生長至少已有兩百多年。村裡的一些人感到好奇便動手丈量了一下，發現這棵樹兩百多年來爬行了約七十七點二公尺。現在，這棵樹一樹雙身，表面看起來像兩棵樹，實際上是一棵樹。

　　記者因此採訪了一位林業農藝師。農藝師說：「這棵奇樹名叫旱柳，生命力非常強。在生長過程中，樹身前端在重力的作用下下垂，著地後生根，背部又生長出枝條，繼續往前生長，原樹幹則逐漸腐爛消失，所以可不斷更新，並且出現了腐生現象，在植物趨光趨水特性的作用下，始終圍繞水源和光照充足的河溝轉來轉去。正因為如此，這棵樹才能不斷地向前『走』。」這真是自然界堅韌象徵的又一奇蹟。

6. 兩百隻麻雀一起自殺

　　上海崇明島發生了一個奇怪現象——許多麻雀成群結隊地飛來，落在崇明堡鎮醫院裡的一棵水杉樹上。過沒多久，小麻雀又陸陸續續地飛下來，走兩步，也不掙扎，就地躺倒，頓時一起死去。

　　一名守衛出於好奇，數了數，竟有一百八十五隻小麻雀死去。他走到前院，發現那裡也有十多隻已經死去的小麻雀。周圍居民說，在離醫院不遠的地方，也發生了類似的麻雀死亡現象。如此算來，當天「自殺」的小麻雀超過了兩百隻。

　　對小麻雀這一不可思議的行為，動物園飼養科的工作人員解釋為「可能是食物中毒」。但是，目擊者對這一說法並不認同，這段時期農田裡根本沒有莊稼，所以談不上麻雀誤食農藥。再者，小麻雀臨死前非常平靜，沒有中毒後的掙扎表現。更難解釋的是，為什麼群死事件單單發生在那一天，後來就沒有出現任何異常？難道純屬巧合？這究竟該怎麼解釋？

　　有名記者特別採訪了一名鳥類問題專家。專家分析後認為，可能是生態系統發生某些變化，使得小麻雀產生了「過激行為」。按道理來說，酷熱、暴風雨、龍捲風都會誘使小麻雀身上的功能紊亂。可能是那兩天的氣溫過高，小麻雀的體溫調節能力經不起考驗。

　　當然，動物自殺行為在生物學上至今還沒有很好的解釋，有一年，崇明島也曾發生數萬隻小麻雀投海自盡的悲壯場景，

也一直不清楚是什麼原因。甚至，世界知名的群鯨自殺現象，到現在也還是個謎。

這些謎，看來要留待各界繼續研究探討了。

7. 虔誠聽經的千年神龜

一隻背刻「千年神龜」字樣的巨型烏龜赫然現世，成了南嶽衡山的一段佳話。

這隻重達十四公斤的巨型老龜，是當地居民韓玉保在二○○四年五月六日下午三點左右，從南嶽中心景區華嚴湖中釣上來的。韓玉保釣上這隻巨龜後，覺得自己很幸運，這隻「大傢伙」十分乖巧，不躁不怒，顯得很有靈性。在牠那比臉盆還大的龜背上，「千年神龜」「夏氏立清代」幾個大字雖已字跡斑駁，但仍清晰可辨。

韓玉保釣到神龜的消息傳開後，當地居民和不少遊客爭相登門欲一睹風采。南嶽區的相關部門知道這件事後也迅速趕到韓玉保家。經過多方驗證，發現這隻龜的年齡應在千年以上。該區的文物處退休人員曠光輝興奮地說：「這就是傳說中在南嶽大廟聽經的龜。肯定是的，沒錯。真是太神奇啦。」大家都為這件神奇的事驚歎不已，也興奮不已。

原來，巍巍南嶽一直流傳著一個「神龜聽經」的傳說。相傳，明末清初每逢僧人傳經講道、早晚功課之時，有一隻烏龜

總會來到南嶽大廟的殿外靜靜聽候，而且風雨無阻。曠光輝聲稱，華嚴湖的湖水現在依然環南嶽大廟而過，且與南嶽大廟壽澗相通，烏龜順水而下，逆水而上，完全印證了「神龜聽經」的傳說。這真是太神奇了。

現在，大龜已在南嶽大廟的放生池中安家落戶，南嶽大廟管理處派了專人看護這隻千年神龜。

8. 有幸望見樂山睡佛

一九八九年五月十一日，住在廣東省佛山市順德區衝鶴村的六十二歲老人潘鴻忠，正在四川興致勃勃地遊覽樂山名勝。五月廿五日，回到家鄉的潘老在朋友們的催促下，將照片拿出來看，友人們全都稱讚不已。潘鴻忠也在一旁看著，不料當看到那張古塔風景照時，他突然感到照片中的山形恰如一健壯男子仰臥，細看頭部，更是眉目傳神。

潘老遂將此照印製多份，寄往相關部門。一天，四川省文化廳文化通訊室的甘德明收到了潘老拍攝的樂山巨佛照片。他手拿照片，禁不住叫出聲來：「這不的的確確是一尊巨佛嗎？」從照片上看去，確實有一巨佛平靜地睡躺在江面上，仰面朝天，高突的前額，圓潤的鼻唇，四肢皆備。儘管如此，要確定這是否為一尊睡佛還必須進行專業考證。

隨後，一支由甘德明等人組成的樂山巨佛考察隊出發了。

考察隊首先向潘老詢問了拍照的時間、地點及當時的情景。經過一個月的仔細考究，最後終於在名日「福全門」的地方攝下了巨佛身影。考察者認為，此處才是最佳的觀賞地點。從樂山河濱的「福全門」舉目望去，可清晰見到仰睡在青衣江畔那身軀魁梧的巨佛。對映著湍流的河水，巨佛似在微微起伏呼吸著，那逼真的佛首、佛身、佛足，則分別由烏尤山、凌雲山和龜城山三山聯袂構成。

仔細觀察佛首，也就是整座烏尤山，其山石、翠竹、亭閣、寺廟，加上山徑與綠蔭，分別為巨佛的捲捲的頭髮、飽滿的前額、長長的睫毛、平直的鼻梁、微啓的雙唇、剛毅的下頜，看上去栩栩如生。

再詳視佛身，那是巍巍的凌雲山，有九峰相連，宛如巨佛寬厚的胸脯、渾圓的腰脊、健美的腿胯。而遠眺佛足，實際上是蒼茫龜城山的一部分，山峰恰似巨佛翹起的腳板，好似頂天立地的「擎天柱」，顯示著巨佛的無窮神力。縱觀全佛，和諧自然，勻稱壯碩的身段，凝重肅穆的神態，眉目傳神，慈祥自如，令人驚詫不已。全佛長達四千多公尺，堪稱奇絕。

然而，更令人稱奇的是那座天下聞名的「樂山大佛」雕像，恰恰正聳立在巨佛的胸脯上。這尊世界上最高、最大的石刻坐佛，身高達七十一公尺，安坐於巨佛前胸，正應了佛教所謂「心中有佛」「心即是佛」的禪語，這是否為樂山大佛暗示的「天機」呢？

從此，這尊樂山仰臥巨佛做為旅遊重要景觀可確定無疑。

那麼，它是怎麼形成的呢？這是留給世人的一個謎。

但據研究樂山大佛文化和文物部門的專家們介紹，迄今為止，還未發現、聽說有關此尊巨佛的文字記載和民間傳說。那麼，巨佛的形成純屬山形地貌的巧合嗎？但為何佛體全身上下人工的刀跡斧痕比比皆是呢？誰能解開這睡佛之謎？我們拭目以待。

9. 茉莉花每天準時開唱

遼寧省遼陽市的老人康太玉很喜歡養一些花花草草，怡情養性，好不悠閒。可是近來發生了一件奇特的事——他有一盆養了五年的茉莉花竟突然「開口唱歌」，且一直持續至今，令人驚歎不已。康老說，他養了十多年的花，這會唱歌的花還是頭一次遇到。

據《北方晨報》報導，二○○一年十一月十二日晚間七點左右，記者在康老家中見到了正在「唱歌」的茉莉花，它發出的聲音有點像夏夜裡野外的陣陣蛙鳴，十足抑揚頓挫。

據康老介紹，這盆茉莉花是他五年前在花市上買的，幾年來一直沒有什麼異常。但在某一天的傍晚時分，他突然聽見了聲音。起初，他以為有蟲子在作祟，就往花盆裡找，但沒找到，後來才發現是花發出的聲音。此後，每天晚上約六點鐘開始，茉莉便會準時發出動聽的聲音，一直持續到晚上八點半左

右，而且每天唱歌的時段一直不變。

另外，奇特的是，茉莉在唱歌時，不管外界有多吵鬧，它都照唱不誤。但只要人的手一碰到花葉，茉莉登時就閉口無聲了。記者試探碰了一下正在「歡唱」的茉莉，聲音果然戛然而止。過了一會兒，無人理會的茉莉又發出了「蛙鳴」。這真是不可思議。難道「茉莉」還有感應能力？

鄰居們聽說康老家的茉莉能發出聲音後，都好奇地來求證，聽到茉莉真的發出動聽的聲音後，大夥無不嘖嘖稱奇。茉莉會唱歌，這真是個大千世界，無奇不有。

10. 毛公山與毛澤東

毛公山，即位於海南省樂東黎族自治縣東部保國農場境內的「保國山」，距縣城抱由鎮二十八公里，距三亞市四十多公里。

保國山長約四千公尺，峰巒連綿起伏，中部突起一座六百卅公尺高的花崗岩山，由銀白色山石組成，竟像極了毛澤東，頭東腳西，安詳仰臥，頭髮、額頭、眉眼、鼻嘴、中山裝衣領、胸腹唯妙唯肖，清晰可見，在一里外觀看更加清晰逼真。前來觀賞此山的人都稱之為「毛公山」。

毛公山的自然景觀除了此特殊地貌造像之外，整座山體結構雄渾，群峰起伏，堆青疊翠。山下的雅亮河與南文河清澈見

底，河灘佈滿斑駁陸離的五彩奇石。山水互相輝映，讓此山顯得格外雄偉且瑰麗。

毛公山原名「黃牛岩」，長江水路在這一帶九曲迴環，而做為古代西陵峽的這一帶灘險水急，航行緩慢，乘客逆江而上好幾天，都似乎仍在黃牛岩跟前徘徊，走不出這頭神奇老黃牛的牽絆。

一九五六年，毛澤東橫渡長江後寫下了一首〈水調歌頭·游泳〉，其中一句「高峽出平湖」展現出他想在此建一個大壩的壯志，而三峽工程歷經七、八十年的研究，終於將壩址選在黃牛岩山腳的三斗坪鎮。正巧，於毛澤東死後一百年、三峽工程破土動工之際的一九九三年，毛公山被發現了。在「一江萬里獨當險，三峽千山無比奇」黃牛頂的毛澤東安臥像，如此巧合令人拍案稱奇。毛公山純屬天造地設，山貌水色相融，神奇而瑰麗，是瓊島聞名海內外的旅遊勝地。

11. 地球的肚臍在哪裡？

大家都知道，胎兒在母體中時，是藉由肚臍從母體吸取生命的養料，所以肚臍是人體的供養點。肚臍位於人體中線上，恰好與人體的「黃金分割」緯線相交織。若以地球來說，中東地區位於東經卅度與東經六十度之間，北緯卅度穿過此地，則恰好中分了東半球。

如果將人體的供養點相比於地球的「肚臍」，就不難發現，中東地區確實蘊藏著巨量的液體能源——石油。至於頭部，自是人體生命的中樞機制，南極則正好位於地球的最前端，要知道人類開發南極資源始於一八五〇年代，而且亦差不多在此時開始對大腦展開深層研究。

中醫學發現，人體上有一些絕對不能動的穴位，俗稱「死穴」。肚臍所對應的左腰上部位，在中醫稱「命門區」，穿過這一區的緯線稱為「保命線」。人體的死穴不僅集中在命門區，而且正好排列成九宮圖。

按九宮幻方計算，地球的死穴要比現在發現的「百慕達三角洲」範圍還要廣。中東地區所對應的位置竟如此恰巧落在「北緯卅度」附近，而關於這一緯度線，人們也已在這一帶發現了許多神祕而有趣的自然現象——

像是中國的長江、美國的密西西比河、埃及的尼羅河、伊拉克的幼發拉底河等大江大河的入海口竟都在北緯卅度附近。此外，地球上最高的山峰珠穆朗瑪峰、最深的海溝馬里亞納海溝（位於西太平洋），也在北緯卅度線附近。

還有，埃及的金字塔、獅身人面像、北非撒哈拉沙漠的「火神火種」壁畫、死海、巴比倫的「空中花園」、遠古馬雅文明遺址，以及令人驚恐萬狀的百慕達三角洲……這些世界奇蹟和迷陣也全都位在北緯卅度線上。難道這些僅僅只是巧合嗎？

12. 北緯卅度有什麼稀奇古怪？

一覺醒來成了預言家

一九八三年十月廿五日夜裡，一名西班牙籍士兵在菲律賓總督府門前站崗時，突然神志不清昏睡過去。次日清晨當他醒來，發現自己在墨西哥的政府大廈前。他感到十分奇怪，可是墨西哥人卻認為他精神失常，而將他交給教會處理。受冤枉的士兵別無他法，只好向墨西哥人打賭：「昨天夜裡，菲律賓總督被人用斧頭暗殺了，這個消息總有一天會傳到你們這裡，那時你們就會相信我沒說謊。」兩個月後消息傳來了，證實士兵所講屬實。人們這才不得不相信他的話，將他從教會放了出來。這到底是怎麼回事？

轟炸機失而復返

一九四六年四月四日有架轟炸機突然失蹤，但在一九六三年發現那架於十七年前失蹤的轟炸機突然出現在石子路上，那條石子路是機師上下班必走之路，更何況飛機是很難在石子路上滑行和停進的。

此外，也有一架於一九五五年飛越百慕達三角海域時失蹤的飛機，卻在一九九○年完整無損地飛回原定目的地機場，早被推斷死亡的兩個飛行員也安然返回。機場官員對此事感到吃驚，然而飛機上的飛行員卻對遭到圍觀的情形大感不解，他們以為當時仍是一九五五年，因為不是才剛穿越墨西哥灣，從諾

福克回到墨西哥坦皮科嗎？其中一名叫帕伯羅的飛行員，根據出生證明顯示他當時應該已有七十七歲，但他的臉看起來只有四十歲出頭，他的弟弟阿爾費德說：「我急於想看看這個自稱是我哥哥的人，那件悲劇我記得清清楚楚，哥哥從美國寄來一封信，告訴我，他和馬里安諾正準備駕飛機回家，這是我最後一次聽到他的消息，因為這架飛機從沒回來過。」

一道強光過後……

一九五八年九月的一個晚上，阿根廷一名年輕司機駕車從首都布宜諾賽利斯出發，來到布蘭卡港的公路上。大約晚上十一點，他突然被一道強烈的光刺得睜不開眼睛，於是趕緊將汽車停在路旁。他感到有些睏，就睡著了。不一會兒，當他從沉睡中驚醒時，卻發現車不見了。這名年輕司機跟跟蹌蹌地走在公路上，他攔住一輛汽車，對車上的司機說：「我要去布蘭卡港，我的車不見了，我找不到它。」「什麼，布蘭卡港？你在開玩笑吧，這兒都快到薩爾塔啦！」「什麼，薩爾塔？現在幾點鐘了？」「快夜裡十二點了，年輕人！」「這不可能！我記得那道強光照刺我之前，我看了一下錶，才十一點十分！我怎麼可能半個小時內走了一萬三千公里。我簡直被搞糊塗了……」

被攔住的汽車駕駛以為那個人有點精神失常，於是帶他來到附近的警察局，就連警察也覺得這個司機是精神失常，因為他一直說自己剛剛還在布蘭卡港。他們打電話給布蘭卡警察

局，當地警局的回答是，他們的確在公路旁的窪地發現了一輛車，型號跟那個司機講的一模一樣。薩爾塔的警察聽完，不覺大吃一驚……

男子在飛機上消失了

一九六八年六月廿九日，傑拉德‧波達帶著妻子搭乘DC-3客機飛往達拉斯。波達先生往洗手間走去，卻再沒回到座位上。他的妻子不斷哭叫，並與空中小姐前去洗手間和機艙內各處尋找，皆無波達先生的蹤影，但飛機上的門窗等等一切正常。事後，乘客們回憶道：「那時，飛機正飛過密蘇里州羅拉的北部上空，波達向洗手間走去，客機忽然意外地晃動一下，但很快就恢復正常。不久，就聽到這位夫人的哭叫聲……」

彎曲的時間

一九七○年，一架乘載一百廿七名旅客的美國波音727客機，經百慕達三角海域飛往邁阿密機場，但著陸前廿分鐘，飛機突然從雷達螢光幕上消失，約十分鐘後又再次出現，並安全降落機場，機上人員安然無恙，只是飛機提前到達機場，飛機上所有計時器也都慢了十分鐘。

一九八一年八月，一艘英國遊艇在百慕達三角海域失蹤，當時船上有六個人。未料，這艘名為「海風號」的遊艇竟於一九八九年在原失蹤海域出現，而船上的六人均安然無恙，只

可怕的巧合

是他們全都失去了時間感，對流逝的八年時光毫無察覺，以為只是剎那間的事，調查人員反覆向他們解釋當下是何年代，他們才逐漸接受事實。但當詢問六人有什麼遭遇時，他們都無法回答，因為他們認為「剛才」什麼事也沒做。

　　一九九○年十月，喬治亞州的高速公路旁發現了一名於美國內戰受傷的戰士。很顯然地，他穿越了一八六三年葛底斯堡戰役中的時間陷阱。精神病理學家們仔細評估了這名隸屬聯盟軍的二等兵班傑明・考奇，因為外科醫生確實從他腿上取出了美國北方軍舊式步槍的子彈。他們由此得出一個結論──「他屬於、且來自至少一百廿七年前的十九世紀。」負責檢查這名廿九歲士兵的精神病理學家說：「從精神病理角度來看，可以證明此人神智清醒，且講的都是事實。做為一名醫生和科學家，我們對二等兵考奇的研究及他所來自的環境，無不暗示我們所接觸的是超自然、時間彎曲的事件。」

　　以上這些都是發生在北緯卅度的奇怪事件，絕不僅僅只是巧合而已。那麼，這股神祕力量還會繼續帶來什麼光怪陸離的事呢？我們拭目以待吧。

13. 馬雅文明金字塔的那道光

　　墨西哥城的近郊與位於墨西哥東南部的猶加敦半島（Yucatan Peninsula）上，聳立著許多氣度非凡的金字塔，它

們是馬雅人留下的作品。其規模之宏偉、構造之精巧，乃至於情景之神祕，完全可媲美埃及金字塔。

以位於墨西哥城東北方約五十公里處的迪奧狄華肯（Teotihuacan）的「太陽金字塔」為例，它的塔基長兩百廿五公尺，寬兩百廿二公尺，和埃及的胡夫金字塔大致相等，基本上是正方形，而且也正好朝著東南西北四個方向，塔的四面也都呈等邊三角形，底邊與塔高之比，恰好也等於圓周與半徑之比。太陽金字塔所在的天文方位更是使人驚駭──天狼星的光線，經過南邊牆上的氣流通道，可直射長眠於上層廳堂中死者的頭部；而北極星的光線，經過北邊牆上的氣流通道，可以直射到下層廳堂。

馬雅文明的建塔技術不僅高超，也相當驚人。以猶加敦半島上的「庫庫爾坎金字塔」（又稱奇琴・伊察堡壘金字塔、羽蛇神金字塔）為例，塔基呈四方形，共分九層，由下而上層層堆疊而又逐漸縮小，就像一個玲瓏精緻又碩大無比的生日蛋糕。塔的四面共有九十一級臺階，直達塔頂。四面共三百六十四級，再加上塔頂平臺，不多不少，三百六十五級，這正好是一年的天數。九層塔座的階梯又分為十八個部分，這又正好是馬雅曆一年的月數。

馬雅人崇信太陽神，他們認為庫庫爾坎（即帶羽毛的蛇）是太陽神的化身，於是在庫庫爾坎神廟朝北的臺階上精心雕刻了一條帶羽毛的蛇，只見蛇頭張口吐舌，模樣逼真，蛇身卻藏在階梯的斷面上，只有在每年春分和秋分的下午，當太陽緩緩

西墜，北牆的光照部分稜角漸次分明，才能看到那些筆直的線條從上到下交織成波浪形，彷彿一條飛動的巨蟒自天而降，迤邐遊走，似飛似騰，這情景總教馬雅人激動得如癡如狂。

一九六八年，一批科學家試圖探測這些金字塔的內部結構，令人費解的是：他們每天都在同一時間，用同一設備，對金字塔內的同一部位進行Ｘ射線探測，得到的圖形竟無一相同。美國人類學家、探險家德奧勃洛維克和記者法蘭汀，對猶加敦半島進行考察時，發現了許多地道相通的地下洞穴，地道的結構與金字塔內的通道十分相似。他們拍攝了九張照片，但成功沖洗出來的只有一張，而這張照片拍攝到的也只是一片漩渦形的神祕白光……

14. 胡夫金字塔的精密數字

埃及首都開羅郊外的吉薩，有一座舉世聞名的胡夫金字塔。做為人造建築的世界奇蹟，首先，胡夫金字塔是世上最大的金字塔，剛建成時的高度為一四六點五九公尺，底邊長度為兩百卅公尺，是由兩百五十萬塊以上、每塊重約二點五～五十噸的巨石疊砌而成的。

胡夫金字塔的建成時間大約距今四千七百年以前，隨著歲月的流逝，在雨雪風沙的擊打下，今天的胡夫金字塔已不復當年雄姿，現在的胡夫金字塔高度僅為一百卅八公尺，底邊長度

則是兩百廿公尺，儘管如此，它仍不失爲世界之最，高高聳立在藍天白雲與滿目黃沙之間，蔚爲人間奇觀。

但更令人吃驚的奇蹟，是發生在胡夫金字塔上的數字「巧合」——人類目前已經知道，由於地球的形狀是橢圓形的，因而從地球到太陽的距離爲14624萬公里～15136萬公里，人類因此將地球與太陽之間的平均距離「14659萬公里」，訂定爲天文度量單位；而如果將胡夫金字塔的高度146.59公尺乘以「10億」，結果不正好就是14659萬公里嗎？事實上，這個數字很難說是出於巧合，因爲穿過胡夫金字塔的子午線，確確實實將地球上的陸地與海洋平分成相等的兩半。難道埃及人在遠古時代就能進行如此精確的天文與地理測量嗎？

出乎人們意料之外的數字巧合還有，且不斷出現——早在拿破崙大軍進入埃及時，法國人就已測量過胡夫金字塔，他們發現如果在胡夫金字塔的頂點往正北方向引出一條延長線，那麼尼羅河三角洲就會被分爲對等的兩半。我們還可將那條假想的線再繼續向北延伸至北極，就會看到延長線距離北極的極點僅偏了六點五公里，而若考慮到北極極點位置不斷在變動這一實際情況，可以想像當年在建造胡夫金字塔時，那條延長線很可能正好與北極極點重合。

除了這些有關天文地理的數字，如果我們將胡夫金字塔的底面積除以其高度的兩倍，得到的數字爲3.14159，這就是「圓周率」，它的精確度遠遠超過希臘人算出的3.1428圓周率，與中國的祖沖之算出的圓周率在3.1415926～3.1415927相

比，幾乎完全一致。同時，胡夫金字塔內部的直角三角形廳室，各邊之比爲3：4：5，更體現了畢氏定理的數值。此外，胡夫金字塔的總重量約爲六千萬噸，如果乘以10^{15}（10的15次方），正好是地球的重量！

所有的一切都表明這些數字的「巧合」絕非偶然，數字與建築之間完美結合的金字塔現象，很可能是古埃及人智慧的結晶。正如有人說，數字是可以任人擺佈的東西，例如巴黎艾菲爾鐵塔的高度爲299.92公尺，與光速（299776000公尺／秒）相比，前者正好是後者的百萬分之一，誤差僅爲千分之零點五。這難道僅僅只是巧合嗎？還是人們對光速早已有所瞭解呢？如果不是爲了展現設計者與建造者的智慧，也就無須在一八八九年建造鐵塔以展示這一對比關係。

事實上，胡夫金字塔的奇異之處早已超出地球上人們的想像力，以胡夫金字塔爲典型的大金字塔現象，對地球人來說也許始終是個難解之謎。

15. 迷失在百慕達三角洲

百慕達海的北部是百慕達群島，東南部是波多黎各島，西南部是佛羅里達半島和古巴島。據記載，這片「陷阱水域」自廿世紀以來已有上百架飛機和兩百餘艘船艦失事或失蹤，下落不明的失蹤者已達數千人。

從地理環境來看，百慕達海域確有其特殊性。這裡有勢力強大的暖流經過，並且多颶風、龍捲風；海底地貌複雜，大陸棚狹窄，海溝幽深，是地處火山與地震的活躍地帶。但這些特性仍不足以解釋百慕達水域的多事原因。

　　幾十年來反反覆覆的調查表示，不少船隻飛機都無端消失在這個三角海域，且未留下任何可循痕跡。像是美國郵輪「凱恩號」，船上配備了先進的自動導航和通訊設備，但它卻在一九六三年二月三日於百慕達海面的平靜航行中，突然中斷了與陸地的無線電聯繫，連呼救信號也未及發出就失去了蹤影。此外，兩艘核潛艇也在百慕達海域消失得無影無蹤。

　　一九四五年十二月五日，美國海軍五架「復仇者」式海上魚雷轟炸機，在返航途中竟一同消失在百慕達海域上空。飛機失蹤前曾向地面指揮塔傳送了令人費解的談話——「我們不知道自己在什麼地方，……我們好像迷失了方向。」「……就連大海也變了樣子……」「發瘋旋轉的羅盤……」「進入了白水。」「我們完全迷失了方向……」飛機失蹤後，美國最高軍事當局動員了規模空前的艦船和飛機，在包括百慕達水域在內的近兩百萬平方公里海陸範圍進行嚴密搜索，然而連一點殘片和油滴都未找到。分外怪異的是，就在五架轟炸機於百慕達海域失蹤後的數小時內，仍有一個設在邁阿密的美國海軍航空基地收到來自失蹤飛機的微弱信號。

　　這些莫名其妙失蹤的船艦和飛機究竟到哪裡去了呢？難道百慕達水域真的存在著什麼特殊時空結構？以下為一連串事件

的眞實呈現，更加深了研究者們的猜測，也使百慕達三角海域益顯神祕──

　　一九六八年，美國航空公司一架大型客機在飛越百慕達海域時，地面塔臺的螢光幕竟失去客機的圖像達十分鐘之久，爾後它卻安然無恙降落在邁阿密的機場，且抵達時間大大提前。機組人員雖未遭遇任何不尋常事件，但飛機上的所有鐘錶都比陸地上慢了十分鐘。顯然，根據相對論，只有飛機加速到接近光速，這種情況才有可能發生。

　　一九七七年二月，一架水上飛機載了五個人進入百慕達海域進行現場考察，當考察人員在機艙內用晚餐時，突然發現刀叉變彎，機上鑰匙變形，羅盤上的指針偏離了幾十度，錄音磁帶中出現了雜訊。面對此情此景，考察人員疑竇叢生……。

　　一九八八年，一對瑞典夫婦乘坐遊艇在百慕達歷險。在大巴哈馬島附近，遊艇發動機突然熄火；緊接著，遊艇慢慢被吸入中心水域，但見一片濃霧籠罩。在霧中，夫婦倆聞到一股異香，聽見空中爆裂聲，船上的雷達及其他儀錶完全失靈，指南針胡亂轉來轉去，但幾分鐘後遊艇居然漂出藍霧，來到百慕達三角海域。很怪，發動機、雷達等一切設備統統恢復了正常工作。有趣的是，夫婦倆的智商在這次神祕的百慕達經歷之後明顯提升。丈夫基爾維斯丁以前的法文基礎頗差，可是後來居然可以看懂法文雜誌，並且很快熟練掌握了好幾門外語，成為公認的外語學習「奇才」。他的妻子以前連支票尾數都分辨不清，現在竟可以解開相當複雜的數學題。連她本人也為自己成

為「數學通」而深感意外。負責測試這對夫婦的科學家一直致力於找出這樁奇事的一些些謎底。

一九八九年，一艘失蹤近八年的英國遊艇「海風」號，於原本失蹤的百慕達海域再次出現，而且船上的六人全都平安無事。只是他們對這消逝的八年時光毫無記憶，還以為只是一瞬間；為此，他們無法回答其間的神祕際遇，認為「剛才」並沒做什麼。這些人於是接受了催眠調查。這種海船再現事件其實在一九三〇年代就已發生過，但那時人們只發現一艘完好無缺、空無一人的幽靈船。

為什麼百慕達海域能對人類智慧造成變化？為什麼船隻得以失而再現？難道百慕達三角海域果真有什麼超自然力量存在？或者，這一切都只是巧合而已？

16. 遇見四十年前的新娘

當五十八歲的湯姆・普萊恩茲駕著新帆船來到可怕的百慕達三角海域時，他一直繞著一條標記醒目的舊船划行，希望能找到船上的水手。然而，普萊恩茲卻吃驚地看到一名年輕漂亮的女性，那正是四十年前與他結婚的新娘。

「有那麼一會兒，我還以為我死了，人在天堂裡。」整整兩天兩夜，普萊恩茲和他的第一個、也是真正的戀人說笑、進餐、談情說愛。他說，這位女郎名叫瑞吉娜（和他當年的新娘

名字一樣），並能說出只有他那失蹤新娘才能憶起的點滴往事。「她告訴我，我們舉行婚禮的教堂，牧師的名字，甚至說出結婚那天我穿了兩隻不同顏色的襪子。毫無疑問，我找到了我的瑞吉娜。我覺得自己好幸福。」

一九四〇年，普萊恩茲還是個廿二歲的小夥子，剛從美國海軍退役。他在紐約娶了自己的青梅竹馬戀人，這對年輕快樂的新人到佛羅里達歡度蜜月。湯姆用一筆遺產收入購置了一條小帆船，並命名為「瑞吉娜小姐」號。他們兩人乘船從邁阿密出發，參觀了亞熱帶巴哈馬的外國港口。之後，在天氣晴朗的一天，小船隨著平靜、閃亮的海水向東駛去，進入了這百慕達魔鬼三角地帶。普萊恩茲回憶道：「本來我們航行得很好，卻突然碰到一陣險惡的狂風，活像地獄裡伸出的手，抓起我們又扔回水面。我被拋到船外，聽得到瑞吉娜在呼喚我，但我游不回去，我暈過去了。」當他清醒過來時，水面很平靜，他被一艘漁船救起。「船長說他根本沒看到風暴，他們只看到我在一根木頭上漂浮著，瑞吉娜小姐號帆船再沒找到，我也失去了我的新娘。」

普萊恩茲一直沒有結婚，他說：「我一直沒有忘記瑞吉娜。我忘不了她。因為我實在太愛她了。」於是去年夏天，普萊恩茲買了一艘新船駛回那個多年前改變他命運的三角海域，結果奇蹟發生了。「在我們重逢兩天之後，我累垮了。」普萊恩茲說，「我睡了廿個小時，但當我醒來後發現她又一次消失了。」

這真是一次奇怪的經歷。難道只是幻覺嗎？可是，這是不可能的。一切發生得如此真實，不可能是幻覺。那麼，這樣的神祕巧遇究竟是怎麼回事呢？

17. 復活節島巨人降臨

一七二二年四月，由荷蘭探險家雅各·羅格文（Jacob Roggeveen）率領的三艘戰艦，在東南太平洋的狂風巨浪中顛簸了數月之久。暮色中，他突然發現前方出現一個小島。在興奮和猜度的心情中，他們靠近了這個並未被標記在航海圖上的島嶼。他們簡直不敢相信自己的眼睛。這座小島的四周竟然立著一排排黑壓壓的參天巨人，再走近一看，原來那是數百尊碩大無比的巨人雕像。

一行人登島的這一天是復活節，於是他們將這座小島命名為「復活節島」。

這個小小的復活節島獨處於地球的偏僻一角，孤懸於東太平洋上，遠離其他島嶼。西距皮特凱恩島一千九百公里，東距智利西海岸面七百公里。島長廿二點五公里，呈三角形，面積為十七平方公里。

一八六二年十二月，祕魯人圍捕了島上的一千多位居民，將他們運往祕魯去掘鳥糞。島上許多顯赫的要人也被掠走，他們所掌握的世代相傳特殊知識和技能因而失傳，最後只有十五

個人活著回到島上，還把天花病毒也帶到島上。天花流行後，島上人煙更加稀少，到了一八七七年，島上的居民僅剩下一百一十人。

復活節島貧瘠而乾旱，島的中部是風沙橫行的沙漠，糧食作物根本無法生長。島上也絕少樹木，只有雜草。沒有供水，沒有河流，島民只能靠挖池塘蓄存雨水度日。除了老鼠，島上再沒有其他野生動物。居民既無法種糧，也無法狩獵，只能用簡陋的木製工具打洞栽種甘薯和甘蔗，艱難度日。所以，這裡的島民長年累月目所能及的除了大海、太陽、月亮和星星，實在別無他物。

然而就在這樣一個乾旱、荒涼，只有少數土著居住的孤島上，卻遍佈著一千多尊巨大無比的巨人石像。這些巨人石像最重的可達九十噸，高九點八公尺，就連最普通的也近三十噸重。更令人感到驚異的是，這些巨大石像大部分都頂著巨大的紅石帽子。別小看這一頂頂紅石帽，小的也有二十來噸，大的重達五十噸。

科學家們從一九一四年開始對復活節島進行全面考察和測繪，並逐一統計了島上的石像分佈情況，然而一個個巨大的問號擺在他們面前，令他們百思不解。

面對島上的巨石人像，人們心中首先產生的疑問必定是：「這些人像是怎麼造出來的？」要知道，在這個貧瘠的小島上，居民們無法種植糧食，食不果腹，最多僅能勉強維持兩千人的基本生存需求，他們要靠什麼來養活打造巨石人像的勞工

人力？這些勞工吃些什麼？當世人發現這個島時，島上僅有幾百名尚未開化的土著人。他們又怎能提供兩千名勞工的各種需求，如木材、繩索、食物等等？

而距離復活節島五百公尺的海面上，有三座高達三百公尺的小島，分別叫作莫托伊基、莫托努俟、莫托考考。它們的四周是危崖絕壁，任何船隻都無法靠近。為什麼船隻無法靠近呢？島民們清楚記得，原本有幾尊巨人石像高高聳立在這危崖的頂端。法國考古學家馬奇埃爾證實，石像確實已跌入海中，可是石像的基座石壇還穩穩坐落在危崖絕頂上。考古學家看著這三個小島的石壇，還真是目瞪口呆。因為他們知道，別說是在史前的原始社會，就是在現代，除了最先進的直升機，誰也無法把這些巨人石像運到懸崖絕頂。

還有，這些巨人石像究竟是誰造的？據第一個到達島上的探險家羅格文於回憶錄寫道，當時的島民有的皮膚為褐色，就顏色的深淺而言與西班牙人相似，但也有皮膚較深的人，而另一些完全是白皮膚，也有皮膚帶紅色的人。只有數百個人，卻有多種膚色的人種，這更加讓人感到不可思議了。

更令人驚訝的是，復活節島的居民稱自己居住的地方為「世界的肚臍」。這種叫法，世人一開始並不理解，直到後來太空梭上的太空人從高空鳥瞰地球時，才發現這種叫法完全正確──孤懸在浩瀚太平洋中的復活節島，確實就跟一個小小「肚臍」一模一樣。難道古代的島民也曾經從高空俯瞰自己的島嶼嗎？假若確實如此，那又是誰，用什麼飛行器把他們帶到

高空呢？如果不是，又爲何會這麼巧呢？

　　此外，在復活節島的懸崖下，有一堆大圓石塊，上面刻有許多鳥首人身的浮雕圖案，被稱爲「鳥人」。居民爲什麼選擇這種「鳥人」做爲崇拜物件？鳥首隱喻著什麼？

　　在復活節島上，一切是那麼神祕莫測，古代和現代糾纏在一起，無法分得清。

18. 復活節島文字密碼

　　大溪地島上的第一任主教卓思恩（Florentin-Etienne Jaussen），是最早開始研究復活節島文字的人，他有幸得到了一些文字刻板，可是對這種獨特文字卻一籌莫展，他無法辨認出任何一個可信的古代符號。主教的弟弟認爲，這種文字肯定擁有特殊含義。

　　而在廿世紀初，考古學界有個重大發現，那就是在印度河谷發現了早在亞利安人來到印度之前、就已存在好幾百年的城市，還有一些至今無法解讀的古代象形文字。捷克的人種誌學家洛烏科特卡研究了這些文字後，認爲它與復活節島上的「隆戈隆戈」（Rongorongo）文字十分相似。

　　他將自己的研究成果告訴匈牙利的一名研究者赫維希（Vilmos Hevesy）。一九三二年，赫維希在法蘭西銘文與美文學院發表了一篇轟動一時的報告，他說印度斯坦象形文字

（Indus script）中有一百多個符號與「隆戈隆戈」文字完全相同。在往後的研究中，赫維希又將符號相同的文字數目擴充至一百七十五個。他認為，印度斯坦象形文字不過四百多個，卻有這麼多的符號與復活節島的文字相同，這絕非偶然的巧合。澳洲考古學家羅伯特‧哈利涅‧赫列捷恩又進一步指出，復活節島的文字不僅與印度斯坦的象形文字相似，而且與古代中國的象形文字和東南亞的圖畫文也有相似之處。

另一些考古學家則持不同意見，他們說，印度斯坦的文字符號和物質文明產生於西元前兩萬年，而復活節島的文字卻於西元五〇〇年才出現。兩者年代相距如此之大，很難說這兩種分屬不同歷史時代、相距一萬三千公里之遙的文字之間有某種關聯。

在解讀隆戈隆戈文字的研究中，來自聖彼得堡的一名學生貢獻良多。這名學生叫鮑利斯‧庫德利亞弗采夫（Boris Kudrjavtsev），是「俄羅斯國家科學院人類學與民族學博物館」（Kunstkamera）一個研究小組的成員。二次大戰期間，他在一次小組例會上發表了一種看法，他把俄國科學家米克羅霍‧麥克拉依得到的兩塊文字刻板加以對照，發現上面的文章完全一樣。接著，他又將這兩塊刻板與聖地牙哥博物館所收藏的刻板臨摹本相對照，發現內容也一樣。他斷定，這一系列的符號已經組成了文字。但很不幸地，戰爭奪走了這名年輕研究者的生命。

戰後，蘇聯科學院院士奧列德洛格公佈了這名學生的研究

成果。奧列德洛格認爲，「隆戈隆戈符號說明了，這種文字仍在形成當中，它在某種程度上與埃及早期王朝最古老的象形文字較接近，而埃及當時的文字也才剛剛形成。」

19. 八十年後，發現鐵達尼號生還者

一九一二年四月十五日，超級郵輪「鐵達尼」號在首航北美的途中，因觸撞一座漂浮流動的冰山而不幸沉沒，釀成死亡、失蹤人數達一千五百多人的重大悲劇。

後來過了八十多年，正當人們對此事件已漸漸淡忘時，卻又連連爆出驚煞世人的新聞。

一九九〇年九月廿四日，「福斯哈根」號拖網漁船正在北大西洋航行，在距離冰島西南方約三百六十公里處，船長卡爾·喬根哈斯突然發現附近一座反射著陽光的冰山上有個人影，他立即舉起望遠鏡對準人影，發現冰山上有一位遇難的婦女以手勢向福斯哈根號發出求救信號。當喬根哈斯和水手們將這位穿著廿世紀初期英式服裝、全身濕透了的婦女救上船後，問她何以落海漂泊到冰山等問題時，她竟然回答：「我是鐵達尼號上的一名乘客，名叫文妮·考特，今年廿九歲。剛才船沉沒時，被一陣巨浪推到冰山上。幸虧你們的船趕到，救了我。」福斯哈根號的所有船員都被她的回答搞糊塗了，這究竟是怎麼回事？

考特小姐被送往醫院檢查後，發現她除了在精神方面因落難而感到痛苦，其他方面皆健康狀況良好，絲毫沒有神經錯亂的跡象。血液和頭髮化驗也說明她確實是卅歲左右的年輕人。這就產生了一個驚人的疑問：難道她從一九一二年失蹤到現在，竟沒有一點衰老的跡象？海事機構還特地查找了鐵達尼號當時的乘客名單紀錄，證實考特小姐確實登上了這艘豪華郵輪。這實在太離奇怪誕了，以致人們無法用科學常理得出合乎邏輯的解釋，難道她真的一直存於所謂的「時空隧道」中？正當人們為此爭論不休時，另一件意外巧合的奇事又發生了。

　　一九九一年八月九日，歐洲的一個海洋科學考察小組，利用一艘租來的海軍搜索船在冰島西南方三百八十七公里處考察時，意外發現並救起一名六十多歲的男子。當時，這名男子安閒地坐在一座冰山的邊緣，他穿著乾淨平整的白星條制服，猛吸著菸斗，雙目眺望無際的大海，臉上顯出一副早將生死置之度外的神情。誰也沒想到，他就是失蹤近八十年、鐵達尼號上那位大名鼎鼎的船長史密斯，而且曾好幾次拒絕被救。

　　知名的海洋學家馬文・艾德蘭博士在救回史密斯船長之後，告訴新聞記者，沒有任何事會比這件事更讓他吃驚。他不知道在北大西洋那兒發生了什麼，但這個獲救的人並非行騙之徒，而是鐵達尼號的船長，是最後隨船一起沉沒、失蹤的人。更令人驚奇的是，史密斯雖已是一百四十歲高齡的老人，但仍像個六十歲的人，而且在他獲救時，一口咬定當時是一九一二年四月十五日，還幾次勸阻救難人員不要救他，因為船既然已

經被冰山撞沉，最後的氣浪把他拋到冰山上，那他這個船長也只有與冰山共存一途。

精神病心理學家扎勒‧哈蘭特對史密斯船長進行了一系列的檢查，認為他的生理和心理狀態都很正常。哈蘭特博士曾於一九九一年八月十八日的一個簡短記者會上指出，透過保存於航海紀錄中的指紋驗證，可確認的身分就是船長史密斯。

歐美的相關海事機關均認為，史密斯船長和考特小姐的案例均屬於「穿越時光再現」的失蹤之人。不過，他倆竟差不多同時再現且被救起，這應該只是一個意外的巧合吧。

20. 四十六年後，德國戰機安然降落

第二次世界大戰中有架納粹德國戰鬥機，於一九四二年執行某次出擊任務後便音訊全無，再也沒有返回基地報到。然而經過整整四十六年它突然出現了，並降落在蘇聯的一座機場，而機艙內的機師早已變成一副白骨！

這架屬於BF109-G型的單引擎戰鬥機，據說外殼雖然明顯殘舊，但機件狀況仍十分良好。對於這架古老戰機突然重現一事，有關單位並未立即提出解釋，事實上也無人能理解。而同樣令蘇聯官員大感不解的是，機上的機師早已死去並腐化成一副白骨，又如何能操縱飛機，然後於一九八八年六月五日的清晨安然降落在明斯克機場？

「我稱此爲近代航空史上一個最神祕之謎，相信這麼說不爲過。」法蘭克福有位二次大戰歷史專家艾美・卻巴博士說，「蘇聯方面並未發佈他們對這架飛機和機師所知的資料，但從莫斯科新聞的相關報導中，我們知道這架戰機是因燃料用罄才降落在沿海的明斯克機場。」

　　「那名機師的身分已證實是空軍中尉狄斯・西格，他於一九四二年十二月五日飛往蘇聯上空執行作戰任務時失蹤，事後，當局再也沒收到他的半點音訊。」

　　「我們也不知道爲什麼會發生這種事，我們唯一知道的就是有架一九四二年的戰鬥機，在失蹤近半個世紀後，又再次現身人間。」除了報章上刊載的簡短消息，蘇聯當局並不願透露更多有關這件怪事的進一步詳情。

　　從機師的骸骨和破爛的制服來看，他們估計西格中尉是在一九四二年執行那次作戰任務時，被蘇聯戰機的子彈擊中而當場死去。當這架幽靈戰機突然降落蘇聯機場的怪事傳出後，西方不少科學家都主動表示願協助調查箇中眞相⋯⋯。

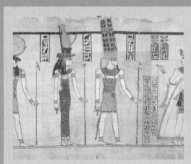

第五篇

歷史驚嘆號

歷史事件的發生經常無獨有偶。無論在
中國還是在外國，在亞洲、歐洲還是在
世上的任何一洲，古往今來的各方人類
活動，就在時間的長河裡一代又一代地
精彩上演，並不時令人驚嘆著……

1. 兩位美國總統暨至交同時逝世

昆西（Quincy），是美國麻薩諸塞州一個小鎮的名字，此小鎮位在昆西海灣的南岸，因海灣而得名，距離波士頓只有七英里。

昆西是個美麗的小城。除了亞當斯父子，還有那位在美國獨立戰爭期間擔任大陸會議主席、而被一些歷史學家稱爲美國「眞正第一總統」的約翰・漢考克（John Hancock），也誕生在這裡。因此，昆西也被稱爲「總統城」。

美國獨立戰爭發起於北方的麻薩諸塞，約翰・亞當斯（John Adams）是戰爭初期最主要的領導人。當時在北美，不同的殖民地就像不同的國家，各自的心態頗有隔閡。亞當斯預見，沒有南方維吉尼亞州的全力參與，革命是不可能成功的。

一七七五年六月，第二屆大陸會議期間，正是在亞當斯的提議和促成之下，來自維吉尼亞州的喬治・華盛頓（George Washington）被任命爲大陸軍隊總司令。一年之後，亞當斯又極力舉薦同樣來自南方維吉尼亞州、安靜寡言的湯瑪斯・傑佛遜（Thomas Jefferson）參加以亞當斯爲首的五人小組，執筆起草美國歷史上第一份最重要的文件——「獨立宣言」。

獨立戰爭勝利後，一七八九年，喬治・華盛頓當選爲美國第一任總統，約翰・亞當斯爲副總統。在只有四個人組成的內閣裡，湯瑪斯・傑佛遜被任命爲國務卿。他們創立了人類歷史上第一個聯邦制的共和體制大國，他們幾個人可說是創建這一

豐功偉績的患難戰友。

但建國以後，約翰‧亞當斯和湯瑪斯‧傑佛遜在治國理念和方略上的分歧開始浮出水面。一七九六年，喬治‧華盛頓發表「告別演說」，堅辭連任總統，回歸故里。糟糕的是，按照當時的選舉規則，正副總統是由總統候選人中得票最多的兩人分別擔任──一七九六年的大選，亞當斯當選為總統，而與他政見不合的傑佛遜是副總統。治國理念的不同，引出方略的背離，這一對總統和副總統，他們在內政外交等所有重大事務上無不針鋒相對，於政治活動中的個人作法尤其損害了兩人之間的長久私誼。

一八○○年，由於反顛覆法侵犯民眾新聞言論自由而引起普遍不滿，致使亞當斯在大選中敗北，他的政敵傑佛遜上臺。一八○一年三月四日，傑佛遜宣誓就任總統。在就職演說中，他或許心有觸動，於是向亞當斯一方發出了和解訊號，他說：「我們都是民主黨人，我們也都是共和黨人。」可是，亞當斯聽不到傑佛遜的呼籲。這個時候，亞當斯的馬車正孤獨顛簸地返回北方昆西小鎮的路上。他的心已經碎了。亞當斯回到昆西時，沮喪而憤懑。可是這兩個人仍懷抱著老友之間的複雜情感，私人關係並未真正破裂。直到大約四年後在一個偶然情況下，雙方內心的不滿被挑開，兩個多年好友終於斷絕來往。

一八○八年大選，傑佛遜卸任，回歸維吉尼亞州故里的他仍然忙碌，畢竟他是個多方面的天才。與此同時，亞當斯卻痛苦不堪。在這些年裡，除了家人，給予亞當斯最大安慰的，是

他的另一位老朋友，也就是美國獨立宣言的另一位簽署者班傑明‧富蘭克林（Benjamin Franklin）。富蘭克林身兼醫生和醫學教授的角色，但做為一個開國者，他自然也是亞當斯和傑佛遜兩人的共同朋友。在亞當斯最痛苦的日子裡，他持續不斷地和他通信。對亞當斯而言，富蘭克林是個最適合慰藉心緒的療傷者，他們討論歷史、評判歷史，分享對時事和政局的看法。

一八〇九年，富蘭克林寫給亞當斯的一封信中，描繪了自己有生以來最奇妙的一個夢。他夢到亞當斯寫了一封短信給傑佛遜，祝賀他終於能夠從公職上退休，然後傑佛遜回了一封充滿善意的信。他夢到在此後的幾年裡，亞當斯和傑佛遜相互通信，兩人都認識到自己犯的過錯，並分享美國革命的成果，且彌合了他們眾所周知的友誼。他甚至夢到他們的死亡——他倆滿載人們的讚譽，雙雙同時沉入墳墓。

兩年之後，一八一一年，亞當斯對來訪的一個朋友表達自己對傑佛遜的友情，他表示，自己與傑佛遜過去雖在治國理念和方略上有所分歧，卻從未扼殺他對傑佛遜的感情。過去如此，現在依然如此。傑佛遜聞訊後，立即寫信給富蘭克林，表達自己對亞當斯以往政治判斷力的敬佩。

幾天後，也就是一八一二年元旦，亞當斯踏出關鍵的一步。他寄給傑佛遜一封信，說要寄給他兩塊「自家的拙織」（two pieces of homespun）做為禮物。傑佛遜收到之時，才發現那是亞當斯的兒子約翰‧昆西（John Quincy Adams）不久前出版的兩卷著作。

從此，在往後的十四年裡，北方麻薩諸塞州的海邊小鎮昆西和南方維吉尼亞州的傑佛遜莊園之間，開啓了美國歷史上最著名的通信。整整十四個春秋，美國第二任總統約翰‧亞當斯和第三任總統湯瑪斯‧傑佛遜，在各自的家裡，用筆和信紙回顧了他們那一代革命者破天荒的經歷和功績。他們所達到的人生輝煌，幾乎無人可以企及。

　　在籌備慶祝國慶五十週年時，維吉尼亞州和麻薩諸塞州的人們都分別向傑佛遜和亞當斯發出邀請，可是兩位老人的健康狀況已不允許他們出席任何公眾場合。傑佛遜花了幾天時間，爲報紙寫下他對建國五十年的總結。

　　一八二六年七月三日傍晚，湯瑪斯‧傑佛遜突然陷入昏迷。他問了身邊的醫生和家人最後一句話：「今天是四日了嗎？」傑佛遜的生命在昏迷中頑強地堅持著，似在等待一個命定的時刻。翌日，午後不久，這位卸任的總統終於停止了呼吸，而五十年前的那一刻，這位美國的一代開國者正開始在他參與起草的獨立宣言上簽字。

　　幾乎就在傑佛遜死去的同一時刻，遠在北方麻薩諸塞州的昆西小鎮，正坐在椅子上的約翰‧亞當斯突然中風，失去了知覺。當日下午，約翰‧亞當斯也去世了，五十年前的那一刻，美利堅合眾國正式誕生。

　　獨立宣言的兩位催生者，在獨立宣言發表五十週年的這一天同時離開這個世界，而且相隔不到五個小時。多年前，他們的好友富蘭克林所做的夢，竟成了現實。

2. 林肯與甘迺迪的「百年」巧合

亞伯拉罕・林肯（Abraham Lincoln）和約翰・甘迺迪（John F. Kennedy）兩位總統被刺事件常被相提並論，因為他們兩人之間有一連串驚人的巧合之處。

林肯首次當選為國會議員是一八四六年，甘迺迪則正好在一百年後步其後塵。林肯是在一八六〇年十一月六日當選美國第十六任總統，甘迺迪則是在一九六〇年一月八日當選為國家第卅五任總統。

他們死後，繼任者剛好都是南方人，而且都叫詹森（Johnson）。安德魯・詹森（Andrew Johnson）生於一八〇八年，而林頓・詹森（Lyndon B. Johnson）則生於一九〇八年，不多不少正好相差一百年。

至於刺殺林肯的約翰・沃克斯・布思（John Wilkes Booth），是生於一八三八年；而殺害甘迺迪的凶手李・哈維・奧斯華（Lee Harvey Oswald），則出生於一百年後的一九三八年。兩人也都是南方人，均未受審判就被槍殺。布思在劇院犯下罪行後，逃入一座穀倉。奧斯華是在一座倉庫的窗邊對準甘迺迪扣下扳機，然後逃進一家劇院。

然而，這兩位總統對自己的死亡都有著奇特的預感。在被刺的那一天，林肯對他的衛兵威廉・H・克魯克說：「我相信有人要謀殺我……我毫不懷疑他們會動手……如果發生這樣的事，是無法阻止的。我沒有任何辦法。」甘迺迪則毫不懷疑地

對妻子賈姬（賈桂琳）、及他的私人親信顧問肯・奧唐納說：「如果誰想從窗邊以步槍射殺我，誰也無法防範，因此又何必多操心呢？」甘迺迪講這段話是在一九六三年十一月廿二日，幾個小時後他真的遭到了槍擊。

林肯和甘迺迪兩人都是歷史上有名的民權運動者。兩人都是在星期五被槍殺的，且都是被擊中後腦勺。兩人的妻子都在場。林肯是在福特大戲院遇刺的，甘迺迪則是在汽車上被刺，汽車是福特汽車公司出品的，而且是林肯牌。另外，還有一個不幸的巧合是，甘迺迪有個名叫伊芙琳・林肯（Evelyn Lincoln）的祕書，據報導，她曾經勸告甘迺迪不要前往達拉斯進行參訪。

這些巧合非常不可思議，簡直讓人懷疑它們的真實性，可是，這些巧合全都千真萬確。

3. 每隔廿年就有美國總統遭厄運

廿一世紀以前，美國從一八四〇年這一屆的總統開始，每隔廿年，新當選的總統就一定會死在任內。

・一八四〇年當選的總統、輝格黨人老威廉・哈瑞森（William Henry Harrison），上任後一個月先是受涼，後轉成肺炎，怎麼都醫不好，最後不治身亡，於一八四一年過世。

・一八六〇年當選的第十六任總統、共和黨人林肯

（Abraham Lincoln）則是一八六五年在劇院觀劇時，遭南方主張奴隸制分子暗殺，被刺身亡，死在第二任任內。刺客布思（John Wilkes Booth）是因同情南方聯盟而行刺。

‧一八八〇年當選的第廿任總統、共和黨人加菲（James A. Garfield）於一八八一年在火車站被一名尋求領事職位未遂的律師開槍射中，兩個多月後因感染和內出血而去世，死在甫上任的第十個星期。

‧一九〇〇年連任的第廿五任總統、共和黨人麥金萊（William Mckinley）於一九〇一年被佐克茲（Leon F. Czlogosz）槍殺，亦死在任內。這名失業的刺客說：「我這是盡自己的一份責任。我不認為一個人有這麼多工作可以做，而另一個人（我）卻無事可做。」麥金萊對華政策為著名的「開放門戶政策」，此間中國爆發了義和團運動。

‧一九二〇年當選的第廿九任總統是共和黨人哈定（Warren G. Harding），他於一九二〇年暴病而死。有人相信哈定因身陷腐敗醜聞，為免受彈劾羞辱，所以哈定夫人毒死了自己的丈夫。

‧一九四〇年連任的第卅二任總統、民主黨人小羅斯福（Franklin D. Roosevelt），於一九四五年病死在任內。

‧一九六〇年當選的第卅五任總統、民主黨人甘迺迪（John F. Kennedy），於一九六三年遇刺身亡。

‧一九八〇年當選的第四十任總統是共和黨人雷根（Ronald Reagan），他在一九八〇年遇刺，身負重傷，幸好

大難不死，是唯一逃過厄運的總統。

　　據說，這一切都是一名印地安人首領在天之靈的詛咒，才使廿一世紀以前的美國總統每隔廿年就遭厄運。可是，真的是這樣嗎？這個人的詛咒真那麼靈驗？或者，這些意外不過都是巧合罷了？

4. 美國白宮和英國首相發言人同時宣佈辭職

　　二○○三年五月十九日，時任英國首相布萊爾的官方發言人戈德里克・史密斯（Godric Smith）表示，他希望「在這一年晚些時候」辭去自己所擔任的職務。

　　史密斯認為，發言人是一份非常好但要求很高的工作，他覺得自己無法永遠擔任此職。史密斯說：「經過深思熟慮，我感到現在是做些其他事情的時候了。」史密斯表示，這完全是他自己的決定，沒有任何深層原因，他也不知道今後是否會繼續從事行政事務或者轉行。

　　無獨有偶，同一天，美國白宮主要發言人阿里・佛萊契（Ari Fleischer）也宣佈將於七月份辭去白宮新聞祕書職務，轉而到私人機關工作。據當時報導猜測，五角大廈的發言人維多利亞・克拉克（Victoria Clarke）或白宮副新聞祕書斯科特・麥克萊倫（Scott McClellan）均可能是接替他的人選。佛

萊契在接受電話採訪時提及，他離開白宮的時機已到，他希望在布希尋求連任的競選攻勢全面展開前，辭去白宮發言人這一艱難職務。佛萊契表示，自己辭職後將到私人企業謀職。

然而，歷經「911恐怖攻擊」事件、阿富汗戰爭和伊拉克戰爭，佛萊契儼然已成為布希政府的「形象代言人」。報導指稱，四十二歲的佛萊契已為政府工作了廿一年。他有時的確會與白宮的新聞班子發生矛盾，而且與布希手下的一些高階幕僚關係緊張。但佛萊契強調，辭職決定是出於他的自由意志，他已將此決定告知布希總統。

英國的官方發言人史密斯則說，他們二人在同一天發佈即將辭職的消息真的純屬巧合，但卻令人嗅到政治上不尋常的怪異，可不是嗎？

5. 物理奇才前後報到：馬克思威爾、愛因斯坦

馬克思威爾（James Clerk Maxwell）於一八三一年六月十三日出生在蘇格蘭愛丁堡的一個名門望族，從小便展露數學天才；十四歲時寫了第一篇科學論文，翌年發表在愛丁堡皇家學會的刊物上。一八四七年中學畢業後，他進入愛丁堡大學學習數學、物理學和哲學。一八五〇年轉入劍橋大學三一學院，主攻數學和物理學。一八五四年以優異成績畢業。

馬克思威爾是科學革命前的重要轉折人物。一方面，他是近代物理學的巨匠、經典物理學大廈的主要完成者之一；另一方面，他也因為加速了牛頓力學觀的崩潰，而成現代物理學的先驅。馬克思威爾對科學的偉大貢獻在於──提出並發展新的世界觀，為未來的科學研究指出方向。他的電磁學理論通向「相對論」，他的氣體動力學理論大大影響了「量子論」，由他主導籌建並領導的劍橋大學加文狄希實驗室（Cavendish Laboratory）引導了實驗原子物理學的發展……這一切成就，使他成為牛頓之後、愛因斯坦之前最重要的物理學家。

然而，馬克思威爾生前並未獲致應得的榮譽，這是因為他倡導的科學思想和科學方法之重要，直到廿世紀科學革命來臨時才充分體現出來。但他畢竟沒能看到科學革命的發生。一八七九年十一月五日，馬克思威爾因病在劍橋逝世，年僅四十八歲。那一年正好愛因斯坦出生。

一八七九年三月十四日，一個小生命降臨在德國一個叫烏爾姆（Ulm）的小城，父母為這個小嬰孩取了一個很有希望的名字──「亞伯特・愛因斯坦」（Albert Einstein）。愛因斯坦大學畢業時，正值經濟危機爆發，由於他是猶太人血統，又無人脈關係，只好失業在家。為了生活，他只好到處張貼廣告，靠講授物理知識換取每小時三法郎的生活費。

不過，這段失業期卻帶給愛因斯坦很大的幫助。在授課過程中，他對傳統物理學進行了反思，使他開始對傳統學術觀點展開猛烈抨擊。經過十分緊張興奮的五個星期奮鬥，愛因斯坦

寫出了九千字的論文〈論運動物體的電動力學〉，「狹義相對論」由此產生。可以說，這是物理學史上一次決定性的偉大宣言，是物理學向前邁進的又一里程碑。

科學史上這種生命殞落與新生的巧合還有一次，發生在一六四二年，那一年伽利略去世，牛頓出生。

6. 哪個星座月份盛產音樂家？

現代人對占星學應該不陌生，它是五千多年前誕生的一種占卜法，經歷了古希臘時期後，發展得越來越強盛。人們將複雜的傳統占星學簡化為直觀易懂的「十二星座」，期盼它能為人類的生活各面向服務。後來，占星學甚至與心理學、統計學等學科緊密相連，得出了不少規律性的理論。

拿音樂家為例。同星座的音樂家在個性上當然不一定如出一轍，但確實有些相似的巧合。像是牡羊座，這個星座不僅曾出現多位富領導能力的指揮家人才，還有兩位演奏同一種樂器的音樂家，他們竟巧合地在同一天生日──那就是，已逝的鋼琴家阿圖洛・米開蘭吉里（Arturo Benedetti Michelangeli）和鋼琴家波里尼（Maurizio Pollini），他們都是一月五日出生，為師徒關係，演奏風格也很相似。

同樣也是義大利籍的鋼琴家阿圖洛・米開蘭吉里，生於一九二○年，早年就學於布雷西亞和米蘭音樂學院。一九三九

年，他在日內瓦國際音樂比賽中獲獎，從此聲名大震，活躍於國內。第二次世界大戰後，他在歐洲各地旅行演出，不斷引起轟動。一九七二年，他移居瑞士，成為國際矚目的鋼琴大師。他的演奏追求的是一絲不苟的精神。

同樣也是義大利籍的鋼琴家波里尼，一九四二年出生，早年在威爾第音樂學院從名師學習鋼琴，並兼學作曲。他的演奏風格乾淨俐落、健康明快，沒有一點憂傷的影子，具有感染人的力量。他彈出了生活的讚歌，是一位熱愛生活的鋼琴家。

此外，還有兩位已逝的小提琴家也是同月同日出生，他們是海飛茲（Jascha Heifetz）和克萊斯勒（Fritz Kreisler），二人的生日同為二月二日，水瓶座，這兩位都是躋身最傑出之列的炫技小提琴演奏家。

7. 字謎裡的諾曼第登陸計畫

一九四四年，在諾曼第登陸戰役之前，一個意外事件震盪了英國情報單位。

一九四四年五月下旬的一天，英國最高司令部的一位參謀乘火車上班時，開來無事，便猜《每日電訊報》上的字謎消磨時間。猜出第一個單詞時，這位參謀不禁大吃一驚，謎底竟是諾曼第作戰計畫中兩個主要登陸點之一的代號「猶他」。更讓他吃驚的是，第二個字謎的謎底竟是另一個登陸點的代號「奧

馬哈」。

他又接著猜下去，諾曼第登陸計畫中的一連串重要機密竟陸續出現。其中，有盟軍在西北歐戰略計畫的代號「霸王」；有祕密修建的海港代號「桑樹」；有大舉進攻計畫的代號「尼普頓」……這位參謀頓時目瞪口呆。這太嚴重了。

由於意外發現盟軍即將面臨一場重大危機，這位參謀趕緊向情報單位報告這件事。情報單位對此非常重視，他們覺得這是一起非常嚴重的洩密事件，並立即祕密逮捕字謎作者。

調查發現，作者只是一名普通的小學校長。這位小學校長說：「這個字謎只是我用來娛樂的，並沒有什麼祕密，而且我對機密事件根本不感興趣。我感興趣的是我的家庭與我的學生。」情報單位瞭解情況後，便釋放了這名小學校長──因為他們發現，這個字謎是在見報前六個月即製成，而那時盟軍的「尼普頓」計畫尚未制定。很顯然，這樁被疑為重大洩密事件的案例，不過是一場罕見的巧合。

8. 亞特蘭提斯文明，真神！

埃及做為世界重要文明古國之一，「金字塔」可說是這古老文明最鮮明的標誌。

埃及法老的屍體被製成木乃伊保存在金字塔中，從這一點看來，金字塔似乎不過是一座座用以安放屍體的墳墓而已。但

你是否曾想過這樣的問題，這些墳墓為何不是矩形、或方形的呢？現代科學實驗證明了，這種金字塔形的「容器」確實具備獨到的防腐功能，它能利用微波振盪的形式防腐，是保存屍體的絕妙方式。

然而，這在現代才證明得了的科學方法，竟早已為古老埃及人所用，難道這真的純屬偶然嗎？再者，建造金字塔需要非常多巨大石塊，即便以現代設備搬運也還是相當令人傷腦筋，更何況是在缺少人力物力的古埃及，他們究竟是以何種力量與方式搬運，並使這些龐然大石規整排列成這副模樣呢？

無獨有偶，遠隔重洋的南美洲馬雅人和印加人也建造了同樣類型的金字塔。這僅僅只是巧合嗎？我們姑且假設——古埃及人並不知曉金字塔的防腐原理，他們將陵墓建造成金字塔形狀不過出於一種巧合，而且搬運石塊用的也是人力，等於假設這一切的一切都是偶然的。然而，底下的例子就不能僅僅以巧合來說明了——

據考古學證明，幾百年來，非洲馬里的多根部落一直在拜祭一顆肉眼無法看見的恆星——「天狼 β 星」。即使利用小型望遠鏡也很難從天狼星的輝光中分辨出它，更何況多根人僅僅只用肉眼。更奇怪的是，多根人還知道它是以橢圓形軌道繞天狼星運轉、知道它的運轉週期、知道它有很大的比重，並且知道它含有一種地球上所沒有的物質。

直到一八六五年，天文學家才用大望遠鏡發現了天狼 β 星，並且後來才發現它是以橢圓形軌道運轉；到了廿世紀，更

才測出天狼β星的比重約為每立方英尺兩千噸，這與多根人所知的是多麼吻合呀！然而這卻是近代利用先進的儀器設備才發現的成果，而且至今都未能真正發現天狼β上含有所謂——地球上沒有的那種物質，這是否表示現代人的科學水準不如千百年前多根人的科學水準？顯然不是。多根人究竟透過何種方法精確得知這麼多關於天狼β星的奧祕？

來到中美洲印第安人的霍皮斯部落，在他們的編年史裡記載著地球的三次特大災難：第一次是火山爆發，第二次是地球脫離軸心後瘋狂旋轉，第三次是一萬兩千年前的超大型洪水；其中，這第三次災難曾使全球水位上升，淹沒了大西洋、地中海、加勒比海等地區的一些陸地及島嶼，後來又由於海底火山爆發導致部分陸地下沉，引發全世界都受災，這場超大型洪水就這麼讓一個擁有高度文明的國家頃刻變得無影無蹤，這便是關於「亞特蘭提斯」失蹤的說法。

此項說法出處最早見於古希臘哲學家柏拉圖著作《對話錄》中的〈提瑪友斯〉和〈柯里西亞斯〉兩節。柏拉圖寫道，西元前九六〇〇年左右，一個名叫亞特蘭提斯的地方，陸地面積比小亞細亞與北非加起來還要大，那裡氣候溫和、森林茂盛，文化水準相當高，人口估計有三千萬，但這片大陸在一次大型洪水氾濫中，一夜之間便沉入了海底。這則故事正與印第安人記載的那一萬兩千年前的超大型洪水事件不謀而合。

據中國古代史籍記載，西元前九五六四年，今日的巴哈馬群島、加勒比海及墨西哥灣處的一片大陸可能均沉入大西洋。

暫且不管古人是怎麼知道此事的，這在時間上也與亞特蘭提斯的傳說有著驚人的相似之處。再如有關諾亞方舟、大禹治水等傳說，都說明在西元前一○○○○～西元前九○○○年左右，的確發生過一場全球性的超大型洪水，而且可能真的毀滅了一個具高度文明的國家。

如果這個文明社會確實曾經存在，那麼南美洲與非洲驚人相似的金字塔奇蹟就可能來自亞特蘭提斯人，意即創造這些地貌奇蹟所需的技術極可能是亞特蘭提斯人授予的，那麼印第安人和多根人具備的天文學、數學等知識自然亦由亞特蘭提斯傳播而來。看來亞特蘭提斯不但將自己的文明傳播給印第安人和非洲人，而且還擔任了南美洲和非洲之間的文化媒介，它的存在無疑推動著當時地球文明的發展，要不是因為那場災難深重的洪水襲擊，說不定目前的地球文明會比現在更高許多。

雖說從大量證據來看，亞特蘭提斯的存在是可以肯定的，但終究仍缺乏強有力的真正物證可證明，甚至連這片大陸的確切位置也還是眾說不一。

9. 一封信穿越百年去救人

一九一四年八月，爆發了同盟國和協約國之間的第一次世界大戰。一九一五年四月，一支法國軍隊和數倍於己的土耳其軍隊，在埃及戰場的西奈半島展開了激戰，一時間戰場上到處

都是屍體。到了四月十四日傍晚，法國軍隊僅剩下卅五人，且彈盡糧絕，四周被土耳其軍隊緊緊包圍住。此刻，馬歇爾上尉手裡掂著一顆子彈，眼望著派出去求援的一個個信使的屍體，他想起曾祖父老馬歇爾上尉，也是在西奈半島一個荒涼之處犧牲生命的……。

就在此時，他看見自己的同僚──鬥志依舊的中尉領著一個身披斗篷的阿拉伯老人站在眼前，待老人確認他就是馬歇爾上尉時，頓時激動地從懷裡慢慢掏出一個皺巴巴的發黃舊紙袋，顫抖地遞給馬歇爾上尉。上尉接過紙袋一看，只見上面潦草地寫著「馬歇爾上尉」五個字，但字跡已然模糊地幾乎無法辨認。馬歇爾小心翼翼地打開紙袋，拿出一封泛黃的信。借助微弱的火光，馬歇爾仔細辨讀信件內容，由於字跡很潦草，馬歇爾花了很大工夫才斷斷續續認出來──「親愛的馬歇爾：接到此命令，請立即……這封信由一位年輕的阿拉伯人轉交給你……看完信後，立即尋找埋在堡壘和地下的食物、軍需……拿出你們最需要的，然後把剩下的物品毀掉……你們從埃及前線撤離有三條路，但不可走濱海那條……從中間那條可一直穿過沙漠……要像保護眼睛那樣保護附在信內的地圖，並根據地圖找到……廢墟後面有一泉眼，能……勝利。 一七九八年四月十四日，波拿巴‧拿破崙」。

老人告訴他，這封信是拿破崙將軍在一七九八年交給自己父親的。一七九八年，拿破崙將軍率領一支法國勁旅遠征埃及。四月份，他的部下老馬歇爾上尉率領的一支軍隊，在西奈

半島身陷土耳其軍隊的重重包圍。拿破崙得知情況後，立刻寫了一封信給老馬歇爾上尉，信件大意是指導他們如何突破重圍絕處逢生。拿破崙將這封信交給一位熟悉當地地形的年輕阿拉伯軍人馬婁卡。馬婁卡接受任務後，立刻晝夜兼程地趕往交信地點，但已經太遲了，未能找到老馬歇爾上尉及其軍隊。原來老馬歇爾上尉率軍經過一番激戰後，突破了土耳其人的包圍，但由於不熟悉當地地形，而遭到沙漠吞噬。

馬婁卡並不知道馬歇爾上尉已經帶領部隊走上絕境，他一直自責沒能完成任務。一八七四年，九十多歲的老馬婁卡去世前，仍舊一直悔恨沒能完成送信的任務。臨閉眼時，老人鄭重把信交給他的兒子小馬婁卡，並再三囑咐一定要找到馬歇爾上尉，親手把信交給上尉。小馬婁卡為了完成父親的囑託，整整尋找了四十年，此時他已經八十九歲了。也許是命中注定吧，他終於把這封歷時一個世紀以上的信件，在同一個地點親手交給了收信人「馬歇爾上尉」，也就是——老馬歇爾上尉的曾孫。

馬歇爾上尉激動非常。在老人的指點下，馬歇爾上尉一行在要塞的後方找到了廢墟，出乎意料地找到他們最急需的彈藥和食糧，這使他們個個驚愕不已。不過，這些食物和彈藥並非拿破崙遺留給他們的，而是大戰剛開始時，德國人和土耳其人儲藏在那裡的。獲取了彈藥和食物以後，馬歇爾上尉一行按照地圖上的路線終於走出重圍，絕處逢生。

一封拿破崙於一七九八年四月十四日寫給在埃及作戰部下

老馬歇爾上尉的信件，竟在一百多年後眞的拯救了「馬歇爾上尉」的性命——那是同樣率軍在埃及與土耳其軍隊作戰、亦陷入絕境的老馬歇爾上尉的曾孫。這眞是一個奇蹟。

10. 中國與西方中間有面鏡子

中西方歷史上曾發生許多巧合事件，不僅性質、規模極爲相似，而且都發生在相同時期，東西相映，十分有趣。

A.西元前三〇〇〇年左右，埃及金字塔王朝建立，恰與《史記》中所載的中國炎帝、黃帝同時代。兩者俱爲東西方文化的源頭。

B.西元前廿二世紀～西元前十八世紀，古巴比倫創建了以「月亮圍繞地球旋轉」爲週期計算的曆法，這與中國夏朝所使用的陰曆不僅同時，且都是每隔二～三年置一閏月，兩者如出一轍。

C.西方偉大的作品《荷馬史詩》誕生於西元前九世紀～西元前八世紀，與中國偉大的《詩經》產生時代恰好相同，兩者東西相映，都在世界詩壇發出燦爛的光輝。

D.西元前六世紀～西元前三世紀，爲古希臘、羅馬文化的鼎盛時期，也正值中國春秋戰國時期。東西方都處於——學術方面百家爭鳴（西方有蘇格拉底、柏拉圖、亞里斯多德，中國有孔子、墨子、老子、莊子等）、軍事方面天才輩出（西方

有波斯居魯王、馬其頓亞歷山大大帝，中國有孫武、吳起、孫臏等）的輝煌時代。

　　E.中國的孔子與印度的釋迦牟尼生於同時代，兩人年齡只差十四歲，一個開創了延續近三千年至今的東方文化傳統（儒學），一個創建了世界上極為重要的宗教（佛教），兩人一東一西，一儒一佛，都為這世界帶來了重大影響。

　　F.莎士比亞、湯顯祖不僅是同時代的人，而且都在西元一六一六年去世。莎士比亞為西方戲劇之父，湯顯祖為中國戲劇之祖。

　　G.西元六三二年，李淵、李世民父子統一全國，建立了大唐帝國；穆罕默德則創建阿拉伯帝國，兩國分別雄踞東西方，同樣強大繁榮，疆域也同樣寬廣。

　　H.歐洲組織十字軍東征阿拉伯國家，與中國金兵南侵宋朝基本上相同，均起於西元十二世紀初，戰事蔓延兩百年，結束於十三世紀末。

　　I.俄國彼得大帝與中國康熙皇帝同時登位，且相繼去世──康熙皇帝死於一七二二年，彼得大帝死於一七二五年。彼得大帝開創了俄羅斯帝國，康熙皇帝則奠定了東方最強大的帝國，兩人都是一世雄主。

第六篇

太陽底下新鮮事

日常生活中的幸福皆從細碎、真實、綿長的情韻而來，此篇蒐集了許多生活事件，有的令人莞爾或大笑，有的令人唏噓或慨歎。千萬別以為太陽底下沒有新鮮事，有時太勁爆的巧合意外，也會使人招架不住呢！

1. 死神也度假

　　美國紐約《阿爾頓晚訊報》的訃告版編輯威斯特是個非常負責任的編輯，他爲了工作，大概已經好幾年沒有度假了。如果不是因爲要結婚，他可能根本沒想過要放假——因爲他實在太忙了。

　　威斯特的新婚妻子伊娃是一本時尙雜誌的美術編輯，長得非常漂亮。他們是在一次偶然聚會中認識的，兩人幾乎同時對對方有好感；認識之後，他們便經常約會。威斯特非常愛她，所以對待這份感情格外用心。追求伊娃的人很多，但威斯特仍以自己的獨特魅力打敗了情敵，成功贏得美人歸——他們總算要結婚了。

　　結婚當天，威斯特問伊娃：「追求妳的人那麼多，妳爲什麼會選擇我呢？」伊娃說：「因爲你全心全意對我好呀。」於是，這對甜蜜的新人計畫度蜜月去。不過，兩人卻因工作的關係一直沒法抽身。

　　就這樣，一年過去了。一九四六年，威斯特與埃娃終於把自己的工作安排好，並且成功請了假。他們高高興興地收拾好行李，前往兩人都非常想去的地方旅行。在度假的這一週，他們眞正享受著無憂無慮的悠閒。當這對夫妻玩得意猶未盡、準備回到工作崗位時，他們相信一定有一大堆事情等著自己。

　　可是，令威斯特驚訝的是，《阿爾頓晚訊報》竟破天荒地

在這一週裡沒接到任何一則訃聞佈告，而平時，該報每週接到的訃聞告示絕不少於十條！

2. 被風吹走的〈風〉

一九○○年，由法國知名天文學家傅萊墨里恩（Camille Flammarion）出版的《不可知的事》一書（L'inconnu：the unknown），曾提到一則有趣的故事。有一天，他正在屋裡寫書裡的其中一章〈風〉。他寫得非常順手，靈感源源不絕。可是才剛寫完放下筆，突然颳來了一陣風，將他寫完的稿子全捲出窗外。他十分惱火，這可是他好長一段時間以來的心血呀。可是，惱火歸惱火，他還是得重寫這一章，而且不得不寫。

幾天後，他感到十分奇怪，因為他收到出版社寄來稿件〈風〉的收據。他無法理解：這份稿件不是被風吹走了嗎？怎麼會在出版社呢？於是，他到出版社去問清情況。有個編輯接待了他。

編輯說：「請問你有什麼事嗎？」傅萊墨里恩說：「我的稿件〈風〉被投到你們出版社，但我覺得非常奇怪的是，我並沒有投稿給你們呀。而且，這份稿件在我寫完當天就被風吹走了。我想請問一下這究竟是怎麼回事。我感到很莫名其妙，這太奇怪了呀。」

編輯聽了，便向他解釋來龍去脈。原來，那陣風把稿紙吹

到大街上，正好出版商的一個員工經過，於是他隨手撿起這一張張散落的稿紙帶回出版社，然後交了出去。

這世界萬事萬物中，有些事實在發生得有如天造地設，令人難以相信，但卻是千真萬確發生過的事。

3. 讀完這本書立刻變富翁

一名年輕的窮學生，讀完了某一本書之後，頃刻間便成了一位百萬富翁。世間會有這麼好的事嗎？當然有。

一九二二年，一個名叫賈因‧保羅‧拉柯斯特的年輕人拿著一封介紹信，憂心忡忡地走進羅馬的佛奇康圖書館，求見館長班尼‧梅爾卡神父。這名年輕人自幼喪父，家中貧窮無力供他完成學業，於是前來請求神父介紹工作給他，以獲取學費。但梅爾卡神父剛好外出不在，賈因只好耐心等待。

會客室的隔壁便是參考圖書室，裡面滿滿存放著各種書籍。賈因信步在書架中間，瀏覽著書的標題。其中有一本書引起他的興趣，這是一本皮革封面的精裝書，由於年代久遠，封面稍有髒汙，書名叫做《動物學》（Zoology），一八七〇年出版，作者是費布利耶（Feibuliye）。賈因隨便翻了幾頁，覺得內容頗有趣，便索性坐下來從頭讀起。誰知一讀便欲罷不能。讀到倒數第二頁時，發現書頁上方以紅色墨跡寫下這些字：「本書的作者致陌生的讀者：你本人可以直接到羅馬的派

可怕的巧合

拉茲繼承法院，請求取出LJ14675號檔案，這份檔案將使你獲得意想不到的幸運。　E．F．謹啓。」

這是個什麼樣的謎？這可不可信呢？是不是騙人的呢？賈因百思不得其解。「不過，」他想，「即使上當，也不過是白跑一趟罷了。說不定，還眞的會有意外收穫呢。」想到這裡，他便離開圖書館來到繼承法院。

賈因說明來意後，法院的檔案保管員遞給他一個信封，裡面就是LJ14675號文件。打開信封，除了內附資料，裡面還有一封信，上面寫道：「致閱讀我著作的陌生讀者：我是《動物學》這本書的作者。這本書耗費了我畢生心力，出版後卻沒有人肯讀一遍；親友之間雖有誇獎的人，但他們也只是誇獎，卻不肯讀。我恨透了這些人，於是將著作全部付諸一炬，僅留下一本贈予佛奇康圖書館。而現在，你卻從頭到尾讀完了我寫的書，這無論在過去還是今後，大概只有你一人能做到這一點。附在信外的文件，是我的遺囑。爲報答你下苦心從頭到尾讀完這本書，我把我的全部財產饋贈予你這位第一個從頭到尾讀完我著作的人。　艾彌兒・費布利耶。」

於是，賈因在欣喜若狂之餘將此情況告訴了法院。一九二六年五月，羅馬最高法院做出判決。判決結果是——一名年輕的法國窮學生賈因・保羅・拉柯斯特，一躍而成擁有四百萬里拉財產的富翁。就這樣，只因讀了一本「奇書」，賈因頃刻便成了富翁。

4. 結婚五十三次，還是元配好

　　馬來西亞一個老先生一生共結婚五十三次，然而歷經數十年情感風波，他的第五十三任妻子竟然是當年最初的髮妻。這究竟是不是巧合呢？

　　這位老先生名叫卡馬魯汀‧穆罕默德，現年七十二歲。對於自己一生滄桑的婚姻歷程，穆罕默德說：「我並不是一個尋歡作樂的花花公子，只是喜歡美麗的女子。我一生結這麼多次婚，並不是在玩弄感情，感情這東西是靠緣分的。」穆罕默德目前的妻子現年七十四歲，正是當年最初的結髮妻子。

　　據瞭解，自從穆罕默德幾十年前第一次離婚後，他的優越身家條件和英俊相貌便屢屢博得女子歡心。他的歷任妻子，還包括一位英國女子和一位泰國女子。他與那位泰國妻子一起生活的時間最久，總共持續了廿年，而他最短的一段婚姻則只持續了兩天。

　　穆罕默德至今仍念念不忘那位泰國妻子。他說，所有的妻子都是因離婚才分開的，只有那位泰國妻子與自己相處得最融洽，只可惜她罹患癌症很早就去世了。在一九九二年退休之前，穆罕默德一直經營著多家跨國公司，他的豐厚家產和頻繁出國為他製造了許多尋找世界各地漂亮女子的機會。儘管經歷了五十多次婚姻，穆罕默德仍然始終堅持一夫一妻制。他說這是他的原則。

　　他說：「我不喜歡別人譏笑我一生結婚五十多次，同時也

可怕的巧合

192

不相信人的一生中只需要一個女子做伴。感情有就有，沒有就沒有，何必強求呢？如果兩個人沒了感情還硬要在一起，對彼此來說都是一種痛苦。目前，與第一任妻子可罕迪賈再次結合是我最大的幸福。當時，我與她的婚姻只維持了一年，現在回想起來真有點後悔。」

可罕迪賈說她將再次接受穆罕默德的求婚。據瞭解，她的第三任丈夫死去了，目前她是獨居。可罕迪賈說，穆罕默德承諾將給我最大的幸福，並表示再也不離婚。

5. 他們家有十二生肖

浙江省東陽市巍山鎮的一戶普通人家，祖孫三代總共十二人，每個人恰好各占了一個生肖。

巍山鎮應村人趙鶴良出生於一九四一年八月，屬「蛇」。屬「狗」的盧素芳生於一九四六年，也是應村人。他們兩人自由戀愛，並於一九六三年終成眷屬，結成良緣。

一九六七年六月，大女兒趙琳琳來到人間，這一年是「羊」年；一年後，兒子趙向東出生了，屬「雞」。一九七三年七月，趙家又添了一名屬「牛」的小女兒趙玎玎。

一九八五年，十九歲的大女兒趙琳琳與風趣幽默的年輕人阮榮偉（屬「馬」）訂了婚；一九八八年三月，他們的女兒阮吉呱呱落地，為趙鶴良帶來一個屬「龍」的外孫女。一九九五

年六月，趙琳琳又生了第二胎，替小阮吉帶來一個屬「豬」的弟弟阮錦。

趙家的兒子趙向東，則在一九九一年和屬「鼠」的方亞珍結婚。第二年，便生下一個屬「猴」的兒子趙佳群。

十二生肖的最後一棒，是由趙家么女「小牛」玎玎完成的。這個能幹的么女與屬「虎」的王小紅談了戀愛。這時，趙鶴良和老伴也在無意間發現，當時家中的十一個人分屬十一個生肖，唯獨缺一隻「兔」。一九九五年，他們的么女玎玎與王小紅喜結良緣。結婚時，趙鶴良對小女婿、小女兒說：「我們全家十一個人分屬十一個生肖，唯獨缺一隻兔。如果你們替我生隻『小兔子』，我就發獎金給你們，好不好呀？這也是我現在唯一的人生願望啦。」

趙玎玎和王小紅為滿足父親的這個願望，孝順地推遲了懷孕生產計畫。四年後，一九九九年九月，「小兔子」王超洋來到了世界上。趙鶴良手抱「小兔子」，想著十二生肖自己家裡全有了，真是樂開懷。十二生肖同聚一家，這在當地也被傳為趣談。

6. 女孩拿到首相的手機號碼

二○○四年七月卅日，據《挪威郵報》報導，一名十六歲的挪威女孩在大半年的時間裡，冒充首相的祕書接聽了世界各

地人們打給首相的電話。直到日前，這位「冒牌祕書」才主動向挪威媒體坦白。

這個頑皮的挪威女孩名叫卡蜜拉・瑞爾斯爾德，她是挪威霍克森市（Hokksund）人。二〇〇三年的耶誕節，卡蜜拉的一個朋友送了她一支手機。卡蜜拉非常高興，她得到禮物後立刻向電信公司申請了一個號碼。

由於挪威的電信公司規定回收的舊手機號碼可以再使用，因此她所申請到的這個號碼，恰好就是時任挪威首相邦德維克（Kjell Magne Bondevik）以前曾使用過的舊號碼。這真是個意外的巧合。從手機開通的第一天起，卡蜜拉幾乎每天都會接到十幾通要找首相邦德維克的電話和簡訊。起初她感到莫名其妙，後來終於明白，這些來電全是那些未及時更新首相電話號碼的人所打來的。她覺得太有趣了，在好奇心的驅使下，卡蜜拉決定假扮首相祕書，聽聽人們會對首相說些什麼。

卡蜜拉接受當地一家報紙採訪時，回憶道：「當電話接通後，那些想和首相通話的人都會詫異地說，接電話的怎麼是個小女孩？但是，當我告訴他們我是首相的女祕書之後，他們一般都會消除疑慮。有許多次，電話是各個媒體記者打來的，他們希望能採訪首相。每次碰到這種情況，我都會以祕書的口吻告訴他們首相正在忙，不方便接聽電話。」卡蜜拉還說：「最有趣的一通，是一名挪威超級足球明星發來簡訊，邀請首相賞光，與他和挪威國家隊教練共進晚餐。我覺得那真的非常有意思。我回覆的簡訊當然還是說首相現在非常忙碌，無法與

他們一道晚餐。」

　　卡蜜拉冒充首相祕書的「事蹟」，在挪威的媒體曝光後，令挪威人也感到有趣極了。

7. 冰封七十年的活人

　　一九一七年，第一次世界大戰期間，法國軍隊和義大利軍隊在阿爾卑斯山廝殺時遇上了大風雪，一個名叫普利斯的法國士兵因此失蹤了。軍方沒能找到他，當即以「戰死」處理。時光飛逝，七十年過去了，那些曾與普利斯一起並肩作戰的人早已老死，他的家族也傳承來到第三代。

　　一九八六年，一支英國登山隊登上阿爾卑斯山，當他們攀到阿爾卑斯山五千一百公尺的高度時，在一條雪崩形成的斜坡底下，隱約看見有個人半埋在其間。大家都覺得奇怪，以為那是登山遇難的人，登山隊隨即派人協助挖掘。

　　經過兩個小時的挖掘，竟挖出一具男性「屍體」。大家看見他身旁有一套古老軍服，於是有人翻找他的軍服，翻出了一本士兵手冊，因此得知他名叫普利斯，是法國步兵團第二旅的下士，於一八九〇年出生。

　　發現一具失蹤數十年的士兵屍體並非奇事，大家已對這種事感到習以為常，並協力將這具屍體運到山下的登山總部。經醫學專家利巴努詳細檢查，卻發現這具屍體仍有極其微弱的心

跳，意即此人仍活著，沒死去。這真是生物學和醫學上的奇蹟，大家都覺得很不可思議。

利巴努醫生立即將此屍體放進一個氧氣艙，再將此「活屍」運到英國一家著名的生物研究所試圖拯救。相關權威專家說：「我們用盡了所有方法和嘗試，都無法讓普利斯醒轉過來。但他仍是活著的，他的心臟機能依然存在，只是其他一切都停頓了。」這真是個奇蹟，這一切真是個謎呀。

8. 俄國男子從韓國經日本又漂到臺灣

隸屬臺灣海洋巡防總局的淡水海巡隊，於二○○四年十月十六日深夜接獲通報，得知有艘小帆船在洲子灣外海漂流，於是出動警艇趕往救援，在八級風浪下，歷經兩個多小時，終於救起俄羅斯籍男子亞歷山大。

亞歷山大獲救後心有餘悸地回憶道，他於九月廿六日到達南韓釜山，遊玩四天後開始返航。在海上的第二天一覺醒來，發現天空烏雲密布，海面上巨浪滔天，他趕緊收起船帆，無奈暴風雨越來越強，他已無法控制航向，在毫無動力的情況下，帆船只能任憑颱風主宰，隨波漂流，一連四天他都躲在船艙內不停祈禱。

等到風平浪靜，已是十月三日下午，遠方陸地若隱若現，他拿起指北針與航海圖一比對，驚奇發現自己已漂流到日本西

北部。於是他順水推舟，將船開進了一個小漁港。

在俄羅斯駐日本相關機構的幫助下，亞歷山大在日本休息了七天。當他再度出海準備返回俄羅斯時，強勁的東北季風又吹得他暈頭轉向，他只好再度收起船帆等待雨過天晴。但兩天過去了，大海卻更加險惡，在沒有無線電可求援的情況下，他只好盡力把舵維持船身的平衡，苦熬兩天之後，整個人精疲力竭，亞歷山大只好再次躲進船艙，帆船就這樣漫無目的地隨風漂流。

為節省糧食和飲水，他每天只喝幾口水，只吃一點點食物以維持體力。五天內，他又漂流了三千海里，眼見糧食幾乎用盡，他陷入了絕境。正當他癱軟在船艙內感到絕望之際，卻驚喜遇上趕來救援的臺灣警方。原訂十六天來回的航程，卻歷經磨難，這現代版魯賓遜的亞歷山大航程超過五千海里，包括他自己在內，許多人都難以置信，連連驚呼：「不可思議」「簡直是奇蹟」。後來，亞歷山大急電俄羅斯的家人匯錢至臺灣，他隨即訂好離臺的機票。

9. 處女醫生戰場上生小孩

卡爾曼教授曾親眼見證一樁巧合離奇的婚姻之緣——

他有一位親戚，是個非常英俊的年輕小夥子，於第二次世界大戰中被徵召入伍。這個年輕人在戰場上非常勇敢，可是戰

可怕的巧合

198

場上的子彈是不長眼睛的。在法國戰場的一次激戰中，他被一顆子彈打中了睪丸，離奇的是這顆子彈竟穿過睪丸，射入一位正在戰場上搶救傷患的女醫生腹部。這名女醫生當場腹部劇痛，劇痛中的她根本不知道發生了什麼事。而那名年輕軍官也受傷了，於是兩人都住進了醫院。

女醫生是個純潔的女孩，她長得非常漂亮，可是因爲事業，她從沒談過戀愛──她根本就沒有時間。她的個人風評一向非常好，可是經過兩百八十天後，未曾與任何男性同房過的她，卻生下一個三點六公斤重的健康男嬰。

醫生爲她進行生產手術時，取出了一粒破碎的彈片，正是這顆彈片帶著精子射入她的卵巢，致使她受孕。當醫生這樣解釋的時候，這位女醫生相信了這份奇緣。她打聽到，兩百八十天前有一個年輕小夥子正是因爲子彈打中睪丸而受傷，而且他與自己是在同一個地點受的傷。於是一年後，這名女醫生帶著一歲的男嬰找到這名當初睪丸受傷的年輕軍官。當年輕的軍官聽著女醫生娓娓道出事情的來龍去脈時，他驚訝之餘，也高興得跳了起來。

就這樣，一顆子彈使他倆喜結良緣。在這種情況下巧合受孕，是機率怎麼也無法計算出來的，更無從預測。因而卡爾曼教授認爲，一切是超自然力量所造就的。

10. 罕見黃色小鴨──四隻腳、四片翅膀

　　臺灣屏東縣有一家養鴨場，在百年僅見的冬季颱風南瑪都來襲之際，意外誕生一隻長了四隻腳的畸型鴨，令大家感到很有趣。

　　這隻黃色小鴨走起路來一拐一拐的，很不順，仔細看，肚子下方竟多了一些東西。有個小朋友覺得好奇，便把牠抓起來仔細看，這才發現牠有四隻腳、兩對翅膀。這個意外的發現，讓小朋友們覺得很有趣，其中一個小朋友還趕緊把這個發現告訴大人。

　　就是因為多了累贅，所以這隻黃色小鴨走路時，比牠的兄弟姊妹都來得遲鈍。不過也因為牠如此特別，反倒成了小朋友最愛的寵物，大家都非常喜歡這隻黃色小鴨呢。

　　鴨農陳威宏滿臉笑容地說：「我自己養了這麼多年的鴨，可是在這之前從來沒看過四隻腳的畸型鴨。這真是太奇怪了。尤其又是在百年難得一見的冬季颱風南瑪都來的時候誕生，真的很巧。不過，這隻鴨子有沒有辦法像正常的鴨那樣活下來，這還是個疑問，因為我也是第一次見到這款鴨子。」

　　記者帶著這個疑問採訪了相關專家，專家說：「這種畸型鴨是基因突變的結果，能不能正常存活還不一定，得看牠能否正常活動和進食。至於這隻鴨選在百年難得一見的冬颱南瑪都來襲時誕生，這不過是個巧合罷了。沒什麼好驚奇的，當然，也算是個奇蹟啦。」

11. 人類的海上守護神——海豚

歷史上流傳著許許多多關於「海豚救人」的美好傳說，以下列出其中幾則——

愛惜音樂人才

早在西元前五世紀，享有盛名的古希臘歷史學家希羅多德（Herodotus）曾記載過一件海豚救人的奇事。有一次，音樂家亞里翁（Arion）帶著大量錢財乘船，準備返回希臘的科林斯（Corinth），在航海途中水手們意欲對他謀財害命。亞里翁見情況不妙，便祈求水手們答應他演奏生平最後一曲，奏完他便趕緊縱身投入大海的懷抱。正當生命危急之際，一隻海豚游了過來，於是駄著這位音樂家，直送他到伯羅奔尼撒半島（Peloponnese）去。

愛護婦女生命

一九四九年，美國佛羅里達州有名律師的妻子，於《自然史》雜誌披露她在海上獲救的奇特經歷。她有一次在一個海濱浴場游泳時，突然陷入了水底暗流，一排排洶湧的海浪朝她襲來。就在她即將昏迷的一刹那，有隻海豚飛快地游來，用牠那尖尖的喙部猛地推了她一下，接著又是好幾下，直到她被推到淺水區為止。這名女子清醒後舉目四望，想看看是誰救了自己。然而海灘上空無一人，只見一隻海豚在離岸不過幾十公尺

遠的水中嬉戲。

愛讓鯊魚吃癟

海豚不但會把溺水的人推到岸邊的淺水區，而且當遇上鯊魚吃人時，牠們也會見義勇為，挺身相救。一九五九年夏天，「李奧‧阿泰羅」號客輪在加勒比海爆炸失事，許多乘客掉進險惡的海水中奮力掙扎著。不料禍不單行，大群鯊魚雲集周圍，眾人眼看就要葬身魚腹。在這千鈞一髮之際，成群的海豚猶如天兵神將般突然出現，朝貪婪的鯊魚猛撲過去，趕走了那群海中惡魔，讓遇難的乘客轉危為安。

海豚始終是一種救苦救難的動物。人類在水中發生危難時，經常能得到牠們的幫助，海豚也因此獲得「海上救生員」的美名，許多國家都頒布了保護海豚的法規。至於海豚為什麼要救人類呢？古時候的人們總以為牠們是神明派來保護人類的。那麼，海豚救人究竟是出於本能，抑或受到思維的支配呢？抑或每一次都只是巧合？這些謎團仍有待科學家解開。

12. 四馬同喜，繁殖力旺盛

二○○二年是中國農曆的「馬」年，古代中國人對馬可是情有獨鍾，往往將自身境遇與馬相比，像是──「人貧志短，馬瘦毛長」「路遙知馬力，日久見人心」「好馬不吃回頭草，

好漢不走回頭路」等等。在十二生肖之中，馬是最能使人產生認同感、最容易引人自比的動物。幾乎沒有人不喜歡馬。

時值二○○二年，中國的馬年新春，天津動物園裡的河馬、斑馬、野馬家族中，各有一名於馬年產幼仔的「孕婦」，這個現象可是天津動物園繁殖史上一個極為驚奇有趣的巧合。

現年廿四歲的母河馬「七兒」，是天津動物園裡園齡最資深的「馬」，自一九八○年從日本神戶來到天津後，就成為這裡的首批居民。正因為如此，母河馬七兒也格外的受到大家寵愛與禮遇。

這隻母河馬七兒，牠與來自非洲一隻性情憨厚、體型驃悍的野生公河馬長期相處下來，互相產生了好感。終於有一天，公河馬向七兒求愛，兩隻河馬就這樣結為伉儷了。牠們結為伉儷後，一直非常「恩愛」，到目前為此，已成功繁殖了十胎。恰逢馬年本命年，七兒又再度懷孕，令所有人無不喜出望外。大家都笑逐顏開，深覺這是個非常巧的奇蹟。

此外，有一對一向被人們視為珍寶、譽為活化石的野馬夫婦，牠們也進入了性成熟期，自是人們關注的對象。這對野馬夫婦同樣不負此間人們的厚望，也於二○○二年四月中旬的一個夜晚，產下了野馬寶寶，創下野馬在天津動物園繁殖史上成功交配的首例。

13. 數字「卅八」玄不可言！

有些重大歷史事件之間，經常有著不可思議的數字巧合，著實令人驚歎，甚至感到唏噓不已——

他們的卅八歲

我們可簡單以「算式」來印證「人物與人物」之間的神奇數字巧合。這裡以歷史知名人物的出生年代先後順序來排列（並且列出卒年），像是一八二○年嘉慶皇帝去世時，一七八二年出生的道光皇帝恰好是「卅八」歲……

・道光皇帝（1782～1850）卅八歲時，嘉慶皇帝（1760～1820）去世。（1820－1782＝38）

・慈禧太后（1835～1908）卅八歲時，同治皇帝（1856～1875）才開始「親政」。（1873－1835＝38）

・史達林（1879～1953）卅八歲時，甘迺迪於這一年（1917～1963）出生。（1917－1879＝38）

・列寧（1870～1924）卅八歲時，慈禧太后與光緒皇帝都於（1870～1908）去世。（1908－1870＝38）

・蔣介石（1887～1975）卅八歲時，國父孫中山（1866～1925）去世。（1925－1887＝38）

・赫魯雪夫（1894～1971）卅八歲時，由日本扶植的偽滿洲國成立（1932年），宣統皇帝（溥儀）重登皇位（1932－1894＝38）

・宣統皇帝即位（1908年）後卅八年，柯林頓和小布希（均為1946年）出生。（1946－1908＝38）

歷史上的卅八緣

以下列出人物與「重大歷史事件」之間的相關數字巧合——

・太平天國領袖洪秀全，金田起義時，他卅八歲。

・1938年，蔣介石首任國民黨總裁。

・孫中山去世之前卅八年，光緒皇帝開始「親政」。（1925－1887＝38）

・中蘇於1969年發生「珍寶島事件」時，戈巴契夫和葉爾欽都是卅八歲（均為1931年出生）。

・政治強人史達林去世卅八年之後，蘇聯解體。（1991－1953＝38）

・甘迺迪遇刺身亡卅八年之後，美國發生「911恐怖攻擊」事件。（2001－1963＝38）

・第一次世界大戰爆發卅八年之後，普亭出生（1952年）。（1952－1914＝38）

・普亭卅八歲的時候，兩德統一，這一年伊拉克則出兵侵占科威特。（1990－1952＝38）

・1959年，西藏因反抗中國統治而起義；卅八年後，香港回歸中國。（1997－1959＝38）

・1961年，達賴喇嘛呼籲聯合國幫助西藏擺脫中國占領；

卅八年後，澳門回歸中國。（1999－1961＝38）

卅八是問題嗎？

再看看重大歷史事件之間彼此相關的數字巧合——

· 中華民國肇建卅八年之後，中華人民共和國初創。

· 韓戰（1950年）發生卅八年之後，蘇聯解體。

· 第一次波斯灣戰爭，多國聯合部隊整整轟炸了伊拉克卅八天。

14. 樂透開出的獎號是——「911」

二○○二年九月十一日，紐約彩券中心開出了中獎號碼「9—1—1」，令紐約市沸沸揚揚了起來。彩券中心負責人一再強調這不過是個巧合，但還是令許多人感到不舒服。人們覺得這種巧合真不是什麼好事，只會令人想起可怕的「911恐怖攻擊」事件。

彩券的開獎都是透過電視直播的，九月十一日的晚上也不例外。當主持人宣佈本期中獎號碼為「9—1—1」時，他的聲音並無任何異樣。彩券中心發言人哈普曼說，「9—1—1」這組號碼經常被選中，但在最近一年裡，這組號碼還是第一次出現。在這種彩券抽獎中，「9—1—1」這組號碼出現的機率為千分之一。

根據調查，共有五千六百卅一人選了這組號碼，他們每人將獲得五百美元的獎金。有個資深的彩券迷說：「我們不覺得有人操縱了這期中獎號碼的誕生。不過，那麼多人選擇這個號碼肯定是有原因的。而且說實話，這讓人的心裡多多少少有些不舒服，內心的陰影是無法那麼快抹去的。」

有家彩券銷售點的店主說：「即便有些人選擇了『9—1—1』，他們好像也並不期望靠著這樣的號碼中獎。有些人討厭這組號碼，因為它代表美國歷史上最黑暗的一天。也的確是這樣，這種心情可以理解。」

不過，如此巧合的事在美國彩券史上並非第一次。二○○一年十一月十二日，剛從紐約甘迺迪國際機場起飛的美國航空公司587號航班，起飛後不久便從空中掉了下來，機上兩百六十名乘客（其中包括五名嬰兒）和機組人員全部遇難。另外，地面上亦有八人失蹤。而那一期紐澤西的彩券中獎號碼正是「5—8—7」。

15. 中國人的天干地支曆法

做為廿一世紀、西元第三個千年的起始年——二○○一年，一起來看看這一年的年曆，你會驚喜發現不少十分巧合的曆法現象。

新世紀、新千年的第一天，即二○○一年一月一日（元

旦），這一天剛好也是星期一；再仔細看傳統的干支記日，也恰巧是「甲子」日。意即，這一天無論日期、星期、干支都是「一」。

所謂干支即「六十甲子」，相當於第一、第二……的序數，它以甲子為始，以六十為一個循環。在記錄時間方面，它最早應用於記日是在殷商時代。據專家確切考證，從魯隱公三年（西元前七二二年）二月己巳日起至今，兩千七百多年來從未錯亂或間斷過。而二○○一年元旦，則是又一個甲子的開始。

事實上，古代的猶太人和某些東方民族，記日法很早就以「七天為一星期」。西元前一世紀時，古羅馬日曆中已有星期；到了西元三二一年，君士坦丁大帝於三月七日正式頒佈，才始成定制，相沿至今從未中斷。

不過，中國人的農曆八月十五日中秋節，在西曆中的日期往往不固定。它所對應的節氣是「秋分」，故其日期必在秋分前後各半個月的範圍內。秋分基本上是在九月廿三日，由此可知中秋節最早可能落在陽曆九月八日（如一九七六年），最遲可出現在十月八日（如一九三八年）。意即，從九月八日至十月八日的每一天，都可能是中秋節。

此外，以二○○一年為例，這一年是辛巳年，有個閏四月，從二○○○年的中秋節到二○○一年的中秋節，在農曆上這一年共有三百八十四天，比西曆年多了十九天，如此一來，二○○一年的中秋節日期就得比前一年推遲十九天；意即，前一年是在陽曆九月十二日，二○○一年中秋節就落在陽曆十月一日。

16. 全村都長成同一張臉

印度的馬德拉斯邦（Madras，現稱爲清奈Chennai）的班加羅爾城（Bangalore）南部，有一個奇特的村莊——「哈拉貢南村」，全村兩百卅七個人的臉竟然長得一模一樣，令人類學家爲之驚訝不已。

德國知名的生物暨遺傳學家布卻茲（Dr. Ernst Bucholz）稱之爲「無系別現象」。布卻茲描繪村人的長相時說：「他們具有共同的特徵，都長著圓錐形的鼻子，眼眉骨明顯突起，都有厚厚的嘴唇，唇下都有皺紋。可以說，他們長得一模一樣是目前遺傳學所無法解釋的。這眞是一個奇蹟呀。」

不過，布卻茲博士帶領的考察隊中，有一名化學家對當地土壤和飲水進行分析後發現，村裡的土壤和飲水含有不少鉑元素和鉍元素。許多科學家認爲這類元素能改變懷孕婦女的細胞，影響胎兒的發育，這很可能就是造成這種「無系別現象」的原因之一。然而，更大的可能也許是——哈拉貢南人同族通婚的緣故。

「大家的臉都長得一樣，彼此如何交往呢？怎麼認識對方呢？是不是會經常搞混？」考察隊員問村裡的人。村裡一位八十一歲的老婦人英迪拉・凱勃說：「我們不靠臉去辨認人，我們只需聽說話的聲音、看走路的樣子，就能辨認出誰是誰。因爲每個人說話的聲音都不一樣，走路的樣子也不會完全一樣。」她還特別解釋，「其實，我們還是有區別的，有長得高

的，有長得矮小的；有長得胖的，有長得瘦的；有老的、少的，有男的、女的。再說，我們穿衣服的款式、質地、顏色和飾物也各有不同，所以要互相辨認彼此根本一點也不難。」

這究竟該如何解釋呢？這種巧合太不可思議了。真希望科學家早日揭開這「全村一張臉」的奧祕。

17. 從火場死而復生的女兒

六年前的一場大火，不但燒毀了美國費城一戶人家的房子，還將一個出生僅十天的女嬰燒成灰燼。但六年後，女嬰的母親科瑞絲竟憑著母性的直覺，認出了「復活」的女兒，並找到當年縱火的疑犯。

卅一歲的科瑞絲是在一個朋友的生日派對上發現自己失散六年的女兒。看到小女孩的第一眼，科瑞絲就呆住了——那可愛的酒窩、美麗的黑髮、似曾相識的眼神。她有股強烈預感，心想：「眼前的小女孩就是我的親生骨肉，我必須證明這一點。可是，該怎麼證明呢？」

科瑞絲曾看過藉基因檢驗進行親子鑑定的電視節目。於是，她走上前去，親切地對小女孩說：「妳好，妳長得真漂亮，妳的頭髮美極了。」然後，她作勢去看小女孩的頭髮，佯裝意外地說：「哦，親愛的，妳的頭髮黏了口香糖，我來幫妳弄掉。」於是，科瑞絲假借為小女孩整理頭髮，拿到了她的五

根頭髮。科瑞絲找了張乾淨的餐巾紙，小心翼翼地將頭髮包好，裝在塑膠袋內。

DNA測試證明，小女孩果然就是科瑞絲的女兒。科瑞絲因此報警。也由於科瑞絲的發現，警方不得不對當年那場火災重啓調查。當初曾認爲是短路造成失火，將小女孩燒成灰燼，現在看來是狡猾的罪犯將孩子偷走後，故意製造火災，企圖永遠掩蓋罪行，然後把孩子變成自己的「親生骨肉」。

找到親生女兒、心情顯得激動萬分的科瑞絲，也向媒體說出久藏心中的疑點：「當時，我衝進女兒的房間後，床上什麼都沒留下，但發現有扇窗戶竟然是開著的，而當時時值多季！還有，我女兒才出生沒幾天，住在紐澤西州的親戚克芮便遠道來訪，並聲稱自己懷孕了。而且火災當天，克芮還來過我家，但從此未再上門，直到在那場派對上重逢。」

18. 撞飛嬰兒安然無恙

二○○四年七月廿七日，在英國愛丁堡一條繁忙的大馬路上，一輛轎車與一輛有篷頂的貨車相撞，事故發生地點旁有輛嬰兒車也受到牽連遭到撞擊，車內的嬰兒被撞飛，直越過一條街，但居然幸運地毫髮未損。

七月廿七日這一天，愛丁堡地區一對堅不透露姓名的新手父母，吃過晚飯，推著嬰兒車，準備帶兩個月大的女兒到街上

散步。他們走到伊斯特路和倫敦路相交的繁忙十字路口，站在人行道上等待綠燈，準備過馬路。

忽然，一輛轉彎的轎車由於車速過快，猛地撞上一輛有篷頂的貨車。兩車相撞之後，轎車被貨車彈到一邊，並打轉撞向路邊人行道上等待過馬路的這一家三口。看到轎車撞向自己，嬰兒的父母急忙推著車子躲向一邊。但由於轎車速度太快，這一家三口還沒跑幾步，推在前面的嬰兒車就被打轉而來的汽車撞到；汽車猛然一撞，將嬰兒推車內兩個月大的女嬰撞飛出去，飛過了一條街，直飛到馬路對面。

女嬰的母親嚇得臉色蒼白，以為自己的女兒被撞死了，尖叫一聲後暈倒在地。女嬰的父親則急忙穿越馬路，快步跑到嬰兒身邊，抱起躺在地上的嬰兒，本以為孩子定然撞得不輕的他，含著眼淚檢查女兒的身體；誰知道，這位悲痛的父親意外發現女兒不僅仍然有意識，而且全身沒有一處傷口，她就這麼毫髮無損地躺在父親懷中，對著焦急的父親咯咯笑，僅頭上有一點點擦傷痕跡。

女嬰的父親看到孩子安然無恙後鬆了一口氣，他喚醒妻子，然後帶女兒到當地兒童醫院進行檢查。檢查結果確定這個幸運的女嬰身上的確沒有一處傷。但為謹慎起見，女嬰還是繼續留在院內接受觀察。醫生也說這真是個奇蹟。

至於當時那位轎車司機撞上嬰兒車後，接著又撞上路邊的一棵樹，司機被撞暈了過去。

可怕的巧合

19. 老天特別眷顧醫生

有個冬天，路面結了冰。一名醫生因有要事，所以開車高速行駛。突然，車子撞上了一棵大樹，一連翻了三翻。

令醫生感到驚訝的是，他居然沒受傷。他自覺非常幸運，於是趕緊從車子裡爬出來。他心想：「不過，我還有重要的事要辦呀。這可怎麼辦？車子肯定要大修了，還是先找個地方打電話叫修理師傅來搶修車子吧。」於是，他抬頭四處看，看見附近有幾戶人家，便朝那個方向跑去。

有間屋子走出一名婦女，她認出這是當地的醫生，說：「哎呀，怎麼這麼快？我才剛打完電話你就來啦！是這樣的，我剛剛從窗邊看到外面有輛汽車出了事，想必駕駛已經撞得頭破血流，不省人事，所以趕緊打電話，要人請你火速前來。」

「真巧，出事的人就是我。不過，我沒有頭破血流，我還好好的。但我的車子可要大修了，所以我是來借電話叫汽車修理師傅的。」

「修理師傅？你怎麼知道這兒就是修理師傅的家？你以前來過這兒嗎？」婦女驚叫道。

「這裡就是修理師傅的家？那真是太好啦！這下子我就不用跑很多地方，也不用等很久啦。剛才我還擔心會誤了正要趕去辦的事呢。真巧，不過，修理師傅現在在哪兒？」

「喏，」她指著公路說，「他一見出了車禍，就抄近路趕去了。瞧，他回來了，他把車開到這兒來了。你瞧車子沒

壞。」這一連串的巧合，令醫生也不禁呆住。

2○. 老婆墜樓，老公地上接

二○○四年九月三日上午十一點半，在四川成都的肖家河街七十號開雜貨鋪的黃老婆婆，端著小板凳坐在樹蔭下乘涼。突然，「啊」的一聲尖叫讓黃老婆婆心頭一緊。她抬頭一看，有個女子從五樓摔了下來。她先是掉在三樓住戶的雨棚上，接著又掉在二樓的電線上。「嘩嘩」兩聲，兩根電線斷了。女子又往下掉時，一名年輕男子飛身上前，接住了她。

「好險哦！」「要不是這小夥子接住，那女的就沒命了。這真是太巧了！」圍觀的路人紛紛這麼說。幾分鐘後，兩名巡警趕到現場。墜樓女子一直喊痛，她全身上下多處擦傷，痛得無法走路。救人男子則在一旁不斷地說：「怎麼我出去買個菸回來，妳就掉下來了？好在我來得及時，要不然不知要出什麼事。」據鄰居說明，墜樓女子與這個接住她的男子，兩人是夫妻，他們住在五樓。

男子說，上午因為一些小事和妻子吵了一架。本來以為吵了就完了，哪知道中午又吵了起來。他無意吵架，覺得有點悶，就獨自一人下樓去買菸。「剛剛買了菸，回來看到她坐在陽臺邊上，她一站起來，誰知道就滑下樓了。」看見妻子掉下樓，他想都沒想就衝出去，及時接住了妻子。墜樓女子告訴巡

警，她不是跳樓，而是失足掉下的，正巧被自己的丈夫接住，也算自己命大。

女子隨後被巡警送到醫院。經醫生檢查，女子身上多處挫傷，腳在跌下樓時碰到硬物而扭傷。不過，這真是個意外的奇蹟。如果不是丈夫接住她，也許悲劇就發生了，也許他們以後永遠不會再吵架了吧。

21. 大難不死，還中了樂透大獎！

七十四歲的斯拉克退休前，一直是個音樂教師，而且他曾多次與死亡之神擦肩而過。

斯拉克第一次面臨死神是在一九六二年，當時他乘坐從塞拉耶佛駛出的高速列車，列車出軌，衝進河裡，十七名旅客溺死，但斯拉克爬出車窗後獲救，僅斷了一條手臂。

一九六三年，為探望病重的母親，他說服航空公司讓他在客滿的飛機上找到一個座位，和空中小姐同坐。就在飛機即將降落之際，機艙後門突然開啟，他和空中小姐被拋出艙外，三名機組人員和十七名旅客死於墜機，但斯拉克掉到了乾草堆上，奇蹟倖存。

接下來的三年平安無事，但隨後在克羅地亞的斯普利特市，他搭乘的巴士栽進河裡，四人死亡，他則游到安全之處。在接下來的卅年之間，他又經歷了幾次車禍，但均有驚無險。

最近，斯拉克駕車行駛在狹窄的山路上，為躲避一輛聯合國的卡車而突然轉向，結果撞壞了路邊圍欄，掉下懸崖。在千鈞一髮之際，他把車門打開，縱身一躍，最後落到樹上，親眼目睹自己的小轎車墜入三百英尺深的懸崖爆炸起火。心有餘悸的斯拉克在車禍三天後，破天荒首次買了一張彩券。

沒想到他竟走了好運。幾週後傳來好消息，他中了彩券大獎，贏了六十萬英鎊。斯拉克激動地說：「我一聽到這個喜訊，就知道自己從此走好運了！」斯拉克準備用這筆彩金買車子、房子和遊艇。不過，他中獎後做的第一件事，是捐出數千英鎊為家鄉建造一座新禮拜堂。他說：「神多年來照應我逃過許多災難，我想做點事感恩！這個問題可以從兩方面看，我要嘛就是世界上最倒楣的人，要嘛就是最幸運的人，而我更願意相信後面這種說法。」

22. 球場上的黃色碎紙片

澳洲男子陶德非常喜歡踢足球，他從小就想當個足球運動員，可是由於種種原因，他沒有實現自己的願望。

陶德大學畢業後就跟著父親在商場裡打拚。他爸爸是一名優秀的管理者，而且為了讓兒子日後得以順利繼承自己的事業，從陶德小時就培養他這方面的概念與能力。儘管陶德的爸爸也知道兒子喜歡的是足球，不過，在陶德沒能實現自己的夢想

後，他爸爸便一心一意按自己的心願與計畫塑造自己的兒子。

不過，不管多忙，陶德都會抽出時間到球場身臨其境地觀看足球賽。這是他目前唯一的樂趣了，而且觀賽也多少能滿足他一生的遺憾。

有次，陶德遇上一件非常意外的事。那是一九九○年的某一天，陶德在球場觀看足球賽事的決賽時，他的心情非常激動，隨場中的戰況起伏著。不過，他畢竟很有修養而且自制，所以並沒做出什麼脫序之事。但球場上的其他觀眾，情緒十分高漲，因此不時有飲料罐之類的東西被丟到球場中間去。現場一片混亂，甚至有一名激動的觀眾將一本電話號碼黃頁簿撕碎，將漫天碎紙灑向空中，同時嘴裡還大叫著什麼。

就在此時，一張碎紙片飄到了陶德的膝蓋上，他撿起來一看，發現這張碎紙竟寫著他的名字、地址和電話號碼。這也太巧了。

23. 如影隨形的「查無此人」

澳洲的紐卡素市（Newcastle），住了一名叫做瑪麗的年輕女子，她一直以來都跟父母住在一起。不過，她覺得年紀都這麼大了還跟父母一起住，實在非常不方便，所以她一直在找機會搬出去。

一九九○年的某一天，她從報紙的分類廣告上看到有房子

出租，當即租下一間寓所。在朋友的幫忙下，她幾天後就住了進去。奇怪的是，瑪麗入住後不斷收到一位男子派翠克的郵件，瑪麗只好每次都在郵件寫上「查無此人」，然後將郵件退回。

兩年後，瑪麗找到另一份工作，爲了方便，她又透過報紙廣告租到另一間寓所。但瑪麗還是經常收到派翠克的信件，她覺得非常奇怪，不過她也沒多想，只是照樣退回郵件。她想，也許是寄錯了。

去年，瑪麗又找到另外一份薪水較高的工作。爲了工作方便，她又改租了另一間寓所，幾天後又收到派翠克的信件。瑪麗以爲有人在跟她開玩笑，怎麼每搬到一處新址都收到同一名男子的郵件，這太奇怪了吧？

有一天，瑪麗特別向房東問起此事，終於解開了其中的疑團。房東對她說，這個派翠克與她在同一間保險公司工作，他確實曾相繼租住過這三處住房，只不過後來搬走了而已。

一週後，房東將派翠克介紹給瑪麗。他們相識後，兩人都非常喜歡彼此，很快便墜入了愛河，不久兩人便結了婚，現在已有兩個可愛的孩子。瑪麗說：「我與派翠克仍然常常談到過去三次搬家令人難以相信的巧合，我們都覺得很不可思議，莫非這就是緣分。」

24. 喉部腫瘤被咳了出來

二〇〇一年三月廿一日晚間八點，成都軍區總醫院口腔科病房發生了一件怪事——一名咽喉後壁罹患脂肪瘤的陳姓男子，於即將接受手術的前夕，在一陣猛烈的咳嗽下，竟將腫瘤從口中吐了出來。

這名男子是四川省樂山市人，年紀卅二歲。兩年前，他的咽喉後壁長出了一個拇指大小的腫塊。他當時並不很在意，但隨著時間推移，這腫塊越長越大，直長到雞蛋大小，嚴重影響了進食和呼吸。在不得已的情況下，他這才來到成都軍區總醫院的口腔科求醫。

入院後經過檢查，發現陳姓男子是咽喉後壁長了腫瘤，必須以手術摘除。主治醫生決定在三月廿三日上午替他動手術。但廿一日晚間八點鐘時，男子口腔內的腫塊阻塞了氣管端部，致使他又發生嚴重的呼吸困難，不住地想咳嗽。隨著一陣猛咳，一個雞蛋大小的腫瘤竟然從他口中吐了出來。隨後，這名患者先前的一切不適症狀即自動消失，陳姓男子的病就這麼不治而癒。

記者因此採訪了醫院的口腔科主任張醫師。張醫師說，像陳姓男子這種口腔腫瘤自行脫落的情況十分罕見，脫落原因很可能是因為腫瘤較大，而蒂部較小，因此當患者劇烈咳嗽時，腫瘤便被氣流沖出而自行脫落。但這種情況是很危險的，一旦腫瘤落入氣管，便可能使患者窒息死亡。

這也算是一種神奇的幸運巧合，因為再過兩天陳姓男子就要動腫瘤手術了，而且男子咳出的腫瘤也未落入氣管導致他窒息，他還真是命大。

25. 隕石讓人發大財

二○○四年六月十二日上午九點半左右，紐西蘭奧克蘭市的阿切爾夫婦位於艾勒斯利的家，突然發出一聲驚天動地的巨響，正忙著準備早餐的妻子布蘭達驚恐地跑出廚房查看，頓時發現房子裡到處充滿煙塵，伸手不能見物；待煙塵平息後，布蘭達的丈夫菲爾看到家中的電腦旁躺著一塊黑色石頭，而且燙得簡直沒法用手摸。

布蘭達對記者回憶道：「當時我正在廚房做早餐，突然聽到一聲巨響，就像炸彈爆炸那樣。接著，房子裡到處了充滿煙塵，我看不清楚任何東西。我想，可能是天花板上有什麼東西爆炸了，但當煙塵平息後，菲爾卻看到電腦旁躺著一塊古裡古怪的黑色石頭，而且燙得無法拿手去摸。」

這塊黑色石頭正是一塊從外太空飛進大氣層的隕石殘骸，它先是穿透阿切爾夫婦家的屋頂和天花板，接著又砸中他們家的皮躺椅，再向天花板反彈，最後落在這對夫婦家中的電腦旁，並像陀螺般不斷旋轉，所幸沒有造成傷亡。

專家說，天外隕石砸穿房子的機率只有幾十億分之一，比

中彩券大獎還難。自從阿切爾夫婦家被隕石砸中的消息傳開後，美國的一些隕石收藏家紛紛出動，希望能與阿切爾夫婦取得聯繫，他們爭相希望以高價買下夫婦手中的這塊石頭。

據《隕石雜誌》的編輯暨奧克蘭大學數學講師喬爾·斯奇夫說，這塊天外隕石的價格至少高達一萬美元以上，而砸穿民宅屋頂的傳奇事件更使它的身價飆升。斯奇夫認為這塊隕石是紐西蘭的國寶，應該留在紐西蘭，他希望紐西蘭博物館能出資買下它。

事實上，這些收藏家除了對阿切爾夫婦的隕石感興趣，甚至還表示願意購買他們家被砸穿的天花板和躺椅，阿切爾夫婦的遭遇還真是有驚無險，因禍得福。他們於是決定將這顆隕石送往奧克蘭大學進行檢驗。

檢驗後發現，這塊長十三公分、寬七公分的球粒狀隕石，竟重達一點三公斤。據專家分析，它可能是小行星的一部分，而非來自月亮的碎片或火星岩石。

26. 一前一後都是布萊遜

幾年前，一位名叫喬治·D·布萊遜的美國康乃狄克州商人，突然想去旅行。他當下的心情並不怎麼好，心想也許是因為最近事業不大順遂的關係，於是，他當天就買了票搭火車到南方旅行。

途中，他決定在肯塔基州的路易斯維爾下車，來趟簡單的觀光，因為他從未造訪過這個城市。他聽說過路易斯維爾，對這裡頗感好奇。

布萊遜因為很有錢，無論去哪裡他都不慌不忙，一副從容的模樣。下了火車，他先租了一輛車，專屬司機告訴他，如果想先稍事休息，布朗飯店會是最好的選擇，因為這家飯店是城裡最豪華、最時髦的飯店，而且離車站也不遠。

就這樣，布萊遜決定下榻在布朗飯店。他被安排住進了307號房。他一進房就躺上床去，決定休息一會兒再去用餐，然後好好觀賞這個城市。

幾分鐘後，侍者敲門進來了。侍者送來一封信，信封上寫著：「布朗飯店307號房間　喬治・D・布萊遜收」。布萊遜感到莫名其妙，心想：「我才剛到，怎麼就有人寫信給我？這太不可思議了吧？」

原來，這純屬巧合。307號房原先的房客也叫喬治・D・布萊遜，但來自加拿大的蒙特利爾市，這封信自然是給那位布萊遜先生的。

27. 彩券樂透維繫婚姻？

英國一名男子為挽救婚姻，向妻子訛稱自己中了上億元的彩券獎金，可以讓她盡情享受與花費。男子的謊言越說越大，

最終還鋃鐺入獄，但此事反而令他挽回妻子的心。出獄後他繼續買彩券，結果真的中了大獎。

六年前，英國男子霍華德與妻子凱西的婚姻出現低潮，他們的感情面臨了危機。但是霍華德很愛自己的妻子，他試圖挽回妻子的心。他記得凱西說過，如果買彩券中了大獎，所有問題都將迎刃而解。因此有一次，他帶凱西到商場買鞋子，當看到凱西望著喜愛的鞋戀戀不捨的模樣時，為了給妻子一個驚喜，霍華德便訛稱自己中了上億元的彩券獎金。

從那時起，為求謊言不被拆穿，霍華德乾脆打腫臉充胖子——他答應妻子要買一棟價值數百萬元的別墅、訂三輛豪華轎車，還答應要當散財童子送錢給每位親友，並捐款給慈善機構。

這一切當然全都未能兌現，霍華德其實是向情婦借了十一萬元和一輛汽車，以此冒充中獎富翁的裝闊行頭，他甚至還向銀行借支了十四萬元。

起初，凱西對丈夫中獎一說信以為真，但當他漸漸擺不出富翁的排場，甚至連舉行中獎慶祝派對，也只是以火腿三明治宴客時，她便起了疑心。她向彩券機構查證未遂，便索性當面質問丈夫是否真的中獎，直到這時霍華德才承認撒了謊。霍華德對凱西說，這全都是因為他愛她，但凱西著實傷心了好一陣。

霍華德後來因欺詐罪被判入獄一年半，不過凱西已經知道丈夫是因為愛自己才說謊，於是最後原諒了他，兩人和好如

初。這對夫婦的故事甚至被拍成了電視影集，更巧的是，霍華德後來真的中了七萬元的彩券獎金，這一次，凱西沒有對丈夫起疑心。

28. 兩名婦人離婚追求新生活

臺灣的苗栗縣有兩個同名同姓的婦人，她們都生了三名子女，都因丈夫好賭而被拖累，並不約而同向法院訴請離婚，最終獲准。法官原先以為兩案是同一位當事人，但在得知兩位婦女同名同姓且際遇相同後，不禁感歎造化弄人。

這兩名謝姓婦人分別為五十八歲與四十七歲。年長的謝姓婦人已結婚卅六年，她告訴法官：「我丈夫酗酒、好賭，經常打我罵我，有時甚至還拿菜刀要殺我。而且，他從來不幫我分擔家計，一天到晚游手好閒，靠我賺的錢來養活全家。更讓人生氣的是，他只要賭博輸了錢，一回到家就向我要錢。我哪有那麼多錢給他賭？更何況，他從來也沒贏過什麼錢，那我當然經常不願意給他錢，可是如果我不給，他就會打我。我覺得這樣的日子受夠了，再也過不下去了，所以請法院批准我們離婚。」

較年輕的謝姓婦人則是結婚廿多年，丈夫同樣沉迷於賭博，積欠了多筆賭債，常有人上門討債，令家人提心吊膽。這位謝姓婦人說：「這樣的日子我再也沒辦法過下去了，我一定

要離婚。不離婚我就不想活了，債務多成這樣，已經無力償還，我丈夫還把家裡的金飾都變賣了，房屋、汽車也都設定質押借款，而且申辦多張信用卡、現金卡使用。真是氣死人了，他這樣拖累全家人，這樣的日子我再也沒辦法過下去了。」

這兩起離婚案，判決時間僅相隔兩天，兩位婦人同名同姓，且人生際遇雷同，連法官都認為實在太巧了。

29. 同一位醫生接生未來

二○○三年十月十八日，中國南京市有一對「同年、同月、同日、同產房出生」的「四同」新人，完成了終身大事。這對新婚夫婦打趣地說，要把這份「四同紀錄」拿去申請金氏世界紀錄。

宗成和左玲打從一出生就有解不開的緣分，他們各自的母親於快生產時都選擇住進鐵道醫院，他們兩人就這麼一前一後幾乎同時來到這個世界。大人們見狀打趣道：「將來如果結成夫妻，那就更就好了。」沒想到，這個無心的打趣，多年後卻成真了。

戀愛季節裡，宗成和左玲打從第一次見面彼此便一見鍾情，雖然工作不同，所處環境也相異，但這兩個性格內向的人私底下總有說不完的話；交往兩年以來，兩人情投意合，讓雙方家長開心得合不攏嘴。

後來，這對「四同新人」終於步入婚姻殿堂，他們在江南大酒店擺了十七桌酒席。新人奇特的巧合經歷與往事，令主持人一說欲罷不能，從晚上六點一直說到七點多，橫生的趣事成了最好的開胃佐料，不時掀起親朋好友的陣陣笑聲。婚禮上，甚至請來當年為他倆接生的醫生當證婚人，就連醫院院長也送來祝賀的鮮花。

在現場一波波的婚禮高潮之中，有人細心地數了一下，發現這對新人不只四同，還多了「五同」，兩人一下子變成了「九同」佳偶——同一個醫生接生、同一個人證婚、同一個介紹人、兩人的母親也同名。宗成的家人表示，這九同不僅代表一段難忘的經歷，更是這對新人新生活的開始，為此他們準備向相關機構申請婚慶金氏世界紀錄，讓全世界見證這對新人的奇緣佳話。

30. 戴安娜王妃帽子上的數字？

「492」這組數字一向與已世的戴安娜王妃分不開，戴妃生前究竟是有意向人們、甚至向媒體展示這組數字呢，還是無意間將這數字暴露了出來？這組看似偶然、再普通不過的三位數，在戴妃心中到底是不是一個與她人生、命運，或個人重大事件密切相關的數字？

一九九六年九月的一天，還沒從「廿世紀最著名離婚事

件」陰影走出來的戴安娜，在未事先透露消息的情況下前往倫敦一所孤兒院參訪慰問。可是，事先聞訊的記者還是以最快速度蜂擁而至。這些在孤兒院門口守候的記者終於等到戴安娜出來。他們驚訝發現，戴妃的服飾與以前迥然不同，一頭著名金髮上戴的居然是一頂海軍軍帽，更讓他們感興趣的是帽上清晰可辨的數字——「492」。

媒體以最快速度做了相關報導，從此拉開歐美各界對這組數字真正含義的猜測序幕。英國工程師大衛率先提出了「王宮甜蜜日說」。大衛以為，這是戴妃與查爾斯王子在一起真正幸福的日子。他倆曾被世上許多人認為是地球上最美滿的珠聯璧合，但這樁世紀婚姻破裂後，人們才驚愕地發現，這位被選入王宮的灰姑娘，婚姻生活並不如人們所預料那麼幸福美滿。當然，他們婚後確實也有過一段灑滿陽光、鋪滿鮮花的日子，但也有不少人試著針對這對佳偶真正幸福的婚姻生活做了詳細統計，結果發現，兩人甜蜜的「日日夜夜」確實是——四百九十二個。

不過這一說法很快就遭到非議。批評者認為，戴妃對查爾斯王子在婚後很快就移情別戀一直很不高興，她一定對這段所謂「甜蜜的日子」頗不以為然，根本不可能會將它標記在自己的帽子上。正當許多人不段尋求新的「答案」之際，奧利佛·霍爾則告訴報界，這「492」是戴安娜打電話給他的次數，是為「電話次數」之說。

英倫三島的許多人都知道，霍爾是戴妃與查爾斯王子分居

後，她仍舊保持親密關係的極少數男士之一。一九九五年，英國的報刊曾經報導，霍爾曾多次接到神祕匿名電話。接到電話後，對方往往長時間不說話，或者只是低聲飲泣。他知道，打電話的人是戴安娜王妃，她是以「此時無聲勝有聲」的方式向他傾訴內心的痛苦。霍爾記得總共將近五百次，具體數字他記不清了，可是打電話的那個人戴妃卻記得共有四百九十二次。

於是，人們對這數字的猜測熱情又再次被激起。之後，戴妃也曾又一次在自己的帽飾上公開亮相「492」這組數字。

一九九七年八月卅一日，傳來戴妃命歸黃泉的驚人噩耗。一些人在悲痛之餘，又再次興起對「492」這一組神祕數字的猜測之心。英國作家科林認為，這是戴安娜被情人帶入地獄的預言。他對這種「宿命說」是這樣解釋的——「大家都知道，八月卅日那一夜，戴安娜答應埃及富豪情人多迪‧法耶德的請求，共乘一輛車。而造成悲劇的重要原因是這輛賓士600的司機亨利‧保羅酒後駕車。可以說，是司機和情人帶著戴安娜，一起命歸黃泉，那時候的保羅和法耶德兩人都正值四十一歲，而四十一歲恰好是『492』個月！」

無獨有偶，在香港、澳門、臺灣，以及歐美不少地方的唐人街、華人區也都流傳著這樣的宿命說，人們說「492」在中國的普通話與「死酒後」是諧音，這暗示了戴妃是死於司機的「酒後駕車」！

可怕的巧合

31. 這對夫妻有廿多處共同點

　　南京有一對中年夫妻，他們之間有廿多處共同點。丈夫叫余建林，妻子叫江根紅。他們的出生年月日都是一九六○年十二月十三日，連身分證字號也幾乎相同，僅最後用來區別性別的那一碼數字不同。

　　余建林說，他們夫妻倆的經歷確實有許多驚人又神奇的相同之處，不但同年、同月、同日、在同一家醫院、同一個產房出生，而且幾乎是同時來到這個世界上——都在早晨，時間相差不到五分鐘。

　　除了以上的七個共同點，他們更是同血型、讀同一間托兒所、中學同校同屆、同學歷、同職業、父親也是同公司同部門、母親也是同公司同職業、在家同樣排行老七、兩家的老大同屆同班；兩家同是八兄妹，且兄妹之間出生的間隔年份也相同。除了這些外在的共同點，更神奇的是，這對夫妻在右側頸部都有一個相同的肉痣，長的位置及大小也大致相同。最有趣的一點，這些共同點都不是「刻意安排」的，而是「自然形成發生」的。

　　或許因為兩人身上有太多共同點，使他們很珍惜這樣的緣分。每天下班後，兩人都搶著做家事；生了女兒，他們則從自己的名字各取一個字，替女兒取了一個很特別的名字——「余江」。

　　這對均擔任會計工作的夫妻說，同年同月同日生的人自然有許多，但能成為夫妻的就很少了，而像他們這樣有這麼多共

同點的夫妻就更少了。但當然，他們覺得除了緣分，夫妻之間更需要的是相互理解和體諒，「因爲再好的緣分，也需要相信緣分的人去呵護」。

32. 什麼才是眞愛？

宋石生是江西省南昌縣灣里區人，建築技校畢業後，在灣里一家建築公司當技術員。一九九八年，廿三歲的宋石生與小他兩歲的同事李慧蘭喜結連理。

一年後，李慧蘭對自己一直無法懷孕感到很苦惱，求醫問藥也不見效，外面更有人傳言她得了不孕症。於是，他們領養了一個在灣里車站遭到遺棄的女孩。由於對方沒寫上孩子的姓名，這對夫婦商量後，決定爲孩子取名宋柔。

二〇〇〇年夏天，李慧蘭在回家的路上被一輛車撞到，導致左腳粉碎性骨折。卡車司機名叫張力，當他得知這場車禍造成了對方終身殘疾，感到悔恨不已。李慧蘭的腳已致殘疾，喪失了基本謀生能力，張力與宋石生長談後，說要娶李慧蘭爲妻，照顧她一輩子，以贖罪過。

宋石生是流著淚與李慧蘭離婚的。宋石生建議她不要離家，而是讓張力搬過來。爲了不妨礙他們的新婚生活，宋石生將女兒寄養在父母家，自己則獨自踏上南下打工的征程。

宋石生學的是建築。他來到廣東珠海，在喬鑫建築公司穩

住了腳跟。喬鑫是當地一家有名的私人企業，老總駱喬鑫也是江西人。憑藉這層老鄉關係，宋石生的認真工作終於取得了老闆的信任。幾個月後，他便被提拔為科長。有了安定的工作，宋石生立即把女兒接到身邊。此時，小柔柔已經一歲多了。

公司的行政部門經理駱小曼與宋石生平時雖在同一棟樓工作，彼此也認識，卻很少說話，互不瞭解。駱總有意撮合他倆，宋石生對駱總的撮合感激不已，不久他便對同為南昌人的駱小曼展開愛情攻勢。二○○三年秋天，宋石生和駱小曼已相處了半年多，他們的愛情終於走到收穫的季節。當宋石生向小曼求婚時，小曼告訴他一件自己的往事……。

原來五年前，駱小曼經人介紹，廿一歲的她與一名張姓卡車司機戀愛了。不久，她發現自己懷孕，便催促小張完婚。小張同意了，可是他的母親卻以種種理由為藉口不斷拖延。張母請醫院裡的一個熟人檢驗了駱小曼肚裡的孩子，發現是女嬰，便要她拿掉孩子。但駱小曼不願意，最後，他和小張分手了。駱小曼也決定不要孩子，但醫生告訴她孩子已經長得太大了，進行流產手術會威脅到孕婦的生命。一個月後，母親陳寶嫄陪她上了手術檯，一陣疼痛後，她昏睡過去，等她醒來要找孩子時，母親告訴她，孩子是個死胎……。

駱小曼與宋石生商量後，將婚期定在二○○四年一月中旬。小曼把這一喜訊告訴遠在南昌的父母，兩老高興極了。但因家中有事無法同時離開，駱小曼的父親於是請老伴陳寶嫄前去參加婚禮。兩天後，陳寶嫄替宋柔洗澡，當她幫孩子脫下最

後一件衣服時，發現孩子左肩上有顆小黑痣，這著實令她吃驚不已！她便要宋石生告訴她這孩子的詳細來歷。當晚，宋石生便把撿到孩子的經過又重述了一遍，還特別提到撿孩子的地點是灣里車站，以及孩子的衣袋裡有封信。陳寶嫚淚流滿面地告訴駱小曼，這孩子就是她的親生女兒。陳寶嫚告訴女兒，她當時處理嬰兒的情況，駱小曼聽了也不禁淚流滿面。

此時，宋石生好像突然記起什麼，忙問駱小曼：「剛才媽媽說，妳的前任男友叫張力？是不是力量的力？」駱小曼說：「對呀，我記得跟你說過的。」於是，宋石生告訴駱小曼，自己前妻的現任丈夫也叫張力。

經查明後，事情明朗了——李慧蘭現在的丈夫張力，就是駱小曼當年的男友，意即宋柔的生父；當年，宋石生夫婦從車站撿回的棄嬰，就是駱小曼的孩子。一場千載難逢的驚人巧合，就這樣確確實實發生了！

33. 撞牆撞出光明新人生

英國有位名叫伊雲妮‧布朗的十八歲女孩，她長得非常漂亮，無論誰見了她都會讚嘆她的美貌。但很遺憾，她居然雙目失明。不過，她也不是一生下來就失明，而是十一歲時因為一場大病而失明。從此，她的眼睛再也看不到了。

可是，伊雲妮從不自暴自棄，反倒努力向上。她努力地學

習點字，努力學習從事正常人能做的各種事情。鄰居有個男孩覺得她非常堅強，兩人於是在頻繁的來往中慢慢喜歡上了彼此。可是，當男孩的父母得知兒子竟喜歡上一個盲人時，便堅決反對他們來往。

儘管伊雲妮的男友不肯與女友分手，可是漸漸地，他也覺得她雙目失明這件事變得越來越無可忍受。確實，雙目失明會為生活帶來諸多不便。這天，男友對她說：「伊雲妮，我們分手吧。我的爸媽不同意我們在一起。如果妳不是雙目失明，就不會有這個問題了。真的很對不起。」

伊雲妮哭了。她說：「你一句對不起就夠了嗎？你這樣說我，太過分了。」可是，無論如何男友都不會回頭了。他們終於還是分手了，他再也沒找過她。

伊雲妮非常傷心，於是拿頭撞牆求一死……當她的父母親發現時已經來不及了，他們嚇得臉色慘白。豈料數分鐘後，父母卻為她破涕而笑，高興得跳了起來。原來，她的頭往牆上一撞，竟奇蹟似地讓她那失明的雙眼恢復了視力。她立即去找男友，告訴他這一喜訊。結果，兩人又和好如初，並很快結了婚。

34. 開槍自殺，醫好精神病

廿四歲的青年亨利‧芬克罹患精神病已有十四年之久，他的行為怪誕，無法自制，正因為如此他至今仍然沒有女朋友。

其實他有一個心上人，但他始終覺得自己配不上人家，因為自己不是個正常人。

有一天，他在街上看到他喜歡的那個女孩。女孩當時正在跟一個很帥的男孩道別，男孩擁抱了女孩，並且吻了她。女孩的臉笑成了一朵花。男孩說：「明天見。」便離去了。女孩仍看著男孩的背影不願意離開。這一幕被亨利・芬克看在眼裡，他感到非常心痛，一時間，他覺得自己的人生已經沒有任何意義。

回到家裡，他誰也不理，便把自己關在房間。他找出以前買的手槍，這把槍他從沒用過，如今他卻想以這把槍結束自己的人生。他覺得如果再苟活下去實在太悲哀了。他無法擁有心愛的人，不是他辦不到，而是他根本就沒有這個權利。他想，繼續這樣活下去一點意思也沒有。可是，其實他多麼捨不得這個世界呀，他什麼都還沒有享受過。

就在這個時候，他的病痛又發作了。由於不堪忍受病魔的糾纏，他竟然真的朝頭部開槍自殺了。不料，這一槍不但沒奪去他的生命，反而歪打正著醫好了他的腦部痼疾。那顆射入腦部的子彈至今仍留在他的頭內，卻使他變成了一個正常的人。

35. 雷電伺候，從此看得見、聽得見還長出頭毛

住在美國緬因州茅斯鎮的愛德溫・羅賓森在五十三歲那一

年，遇到了嚴重的意外事故，導致他雙眼失明，甚至連耳朵也聾了。面對這個病人，連醫術最高明的醫生也認為他毫無復原希望，這使羅賓森一直生活在痛苦與黑暗當中。

一九八○年六月的某一天，風雨交加、雷電轟鳴，羅賓森想起他飼養的小雞還在屋外，心想：「糟了，我的小雞慘了。我得趕緊去把牠們找回來。」心急如焚的他忙拿起鋁製的拐杖、戴上助聽器，到屋外去找他的小雞。風吹得他幾乎站不穩，但一想到小雞還在外面，便不顧危險地堅持著。當他艱難地走到一棵白楊樹下時，突然「喀嚓」一聲巨響，一道閃電從天而降，擊得他當場不省人事。

廿分鐘後奇蹟發生了，他醒來後，睜開眼睛，發現自己什麼都看得見了，眼前的一切就像以前那樣熟悉。更奇妙的是，聽力也完全恢復了。這個意外的驚喜讓他高興得不知如何是好。他還以為自己是在夢中，因為他曾做過多次這樣的夢。可是，這不是夢，這一切確確實實是真的。

當他站在醫生面前時，醫生目瞪口呆連連說道：「這真是不可思議呀。」經檢查他的雙眼和耳朵後，醫生認為他確實已永遠痊癒。一個月後，奇蹟又發生了，羅賓森那已經禿了卅年的光頭，竟然重新長出了頭髮。

據統計，美國死於閃電擊中的人每年平均約一百五十個，不過因遭雷電擊中而重見光明的盲人迄今卻僅有羅賓森一例，這令科學家無法解釋。

雷電燒毀了白楊樹和助聽器，卻治好了羅賓森的病，這純

屬巧合嗎？還是雷電中確實帶著某種不爲人知的特殊功能？看來這個謎題目前暫時無法解開。

36. 錢包在五十七年後失而復得

五十七年，多麼漫長的時間。美國一名老海軍弟兄查克·赫勒做夢也沒想到，竟然能在五十七年後重新尋回當年在紐西蘭威靈頓不愼丟失的錢包。

拾金不昧者是一位紐西蘭籍女士，名叫路易絲·亞利斯頓。二○○○年六月，當她將兩年前買的沙發搬進新居時，竟發現沙發的扶手處有一塊突起的東西，取出來一看，竟是一只老式錢包。錢包裡裝著許多照片、一九四三年的剪報，和一個叫做查克·赫勒的美國海軍身分證。她立刻找來丈夫，夫妻倆都覺得這眞是不可思議。因爲從這張剪報看來，這個錢包應該是五十七年前的東西。

「我和丈夫一直在討論該怎麼辦，該怎麼找到這個人。因爲我可不想寄到上面寫的地址之後，卻發現查無此人，畢竟事情已經相隔這麼多年。」路易絲說。於是她便到網路上查找了一番，當尋找「赫勒」這個名字徒勞無功後，她便將錢包送到美國大使館，透過大使館直接到赫勒的家鄉伊利諾州的門多塔（Mendota）查找。歷經一番波折，還眞找到了赫勒，只是這個赫勒早就老矣。年代實在很久遠，重獲這個錢包令赫勒激動

得不得了，他覺得這簡直是個奇蹟。

　　不久，路易絲就收到了一封回信，和一份門多塔當地報紙登載錢包歸還事件的剪報，上面寫到——「（赫勒）激動萬分，這勾起了他的許多美好回憶。」

　　原來，一九四三年時，十九歲的赫勒駐紮在威靈頓，他在電車上碰到了一個年輕女孩，兩人聊得很投契。隨後，女孩邀請他到自己家裡共進晚餐，但當赫勒起身準備離開時，卻發現錢包不翼而飛，他們大夥翻遍了屋子都沒找到，赫勒只好先行離開。他的錢包就這樣不見了。之後，赫勒便離開紐西蘭，參與了四場戰役，直到戰爭結束後才返回美國……。

37. 差點吃掉魚腹裡的戒指

　　有對新婚夫婦來到羅茲島度蜜月。這兩個人因克服重重困難而得以結合，所以他們的感情特別好，覺得應該好好享受兩人的甜美日子。他們非常快樂，似乎拋開了一切，回到初識時的那種感覺。兩人在沙灘上跑呀跑的，並在海邊發下誓言永不背叛對方。

　　此時，丈夫突然想跟妻子開個玩笑，於是抱起妻子往海水裡跑，妻子則大叫著要丈夫放她下來。兩人在一陣嬉鬧中，不覺已來到了海裡。就在此時，手往下一垂的妻子不幸讓結婚戒指掉進了大海。當妻子告訴丈夫這件事之後，兩人著實找了好

一會兒，但大海撈針是不可能的，這對新婚夫婦終究沒能找到結婚戒指。

做妻子的非常傷心，因為結婚戒指上刻有兩人的名字，而且弄丟了結婚戒指畢竟不是件好事。丈夫則安慰妻子：「親愛的，別傷心了。我們再重新去訂製一個一模一樣的。」妻子勉強地擦乾眼淚。

廿五年後，這對夫婦舊地重遊。此時他們已有了兩個孩子，且孩子已經長大。正因如此，他們才有時間來旅遊。夫婦倆憶起廿五年前來此度蜜月的點點滴滴，感覺仍非常甜蜜，不過當他們說起那只遺失的戒指時，還是感到有些可惜。夫婦倆找了一家看起來非常乾淨清爽的餐廳吃飯。從餐廳往外看，戶外美景一覽無遺，令人十分心曠神怡。

最令他們意外的是，吃魚時，竟在魚腹裡發現了一枚戒指，而且就是他倆當年遺失的那枚戒指，上面兩人的名字也依然清晰。夫婦二人欣喜若狂，都覺得這簡直是奇蹟。同一時間在餐廳裡用餐的客人知道這件事後，也都為他們感到高興。這樣神奇的巧合，誰能解釋呢？

38. 郵差及時送來大門鑰匙

美國加州柏克萊市有位名叫瑪莉的婦女，她化完妝後，準備出門去辦點事。這個時候，她的好友打電話來：「我們一起

喝下午茶，然後去逛街買衣服，怎麼樣？我知道附近有一家店在打折促銷，非常便宜，而且那些衣服全是名牌。」瑪莉想了想：「好吧。我本來要去另一個地方辦事，不過，我們也已經好久沒見面了。那我們要約在哪裡碰面呢？」

好友說了一個地點和約定的時間。瑪莉一看，時間似乎不太多，隨手拎起手提袋便準備出門。才剛走出門，她想到可能得多帶一點錢，便想走回去拿金卡。可是就在此時，一陣風把大門給關上了，沒帶鑰匙的她根本進不了門。瑪莉頓時心生著急。她心想，自己不但會遲到，而且也無法購物了。更重要的是，接下來她不知道該怎麼進家門。

就在左右為難之際，郵差送來了一封信。瑪莉接過信，一看信內正好裝著一把開門的鑰匙。這是弟弟寫給她的信。原來，她曾經把這屋子借給弟弟住過，現在弟弟已經買了房子，不需要家裡的鑰匙了，便把鑰匙寄回來。瑪莉的弟弟在信中說道：「妳有時會有點粗心，這把鑰匙可以當做妳開門的備用鑰匙，免得有一天妳進不了家門。」看了這封信，瑪莉不禁為這出人意表的巧合笑了。

39. 可以申請「婚慶金氏世界紀錄」？

　　廣州番禺區市橋鎮有一對平凡的夫妻，他們也是一對結了

七年又四個月、擁有「七大共同點」的夫妻──同年、同月、同日出生，血型同是ＡＢ型，在同一家公司上班，職業相同，而且還是許多研習課程的同班同學。丈夫吳賢洪和太太楊永松很有信心，他們應該是申請「婚慶金氏世界紀錄」最具實力的競爭者。

平時雖未特別留意，但真正數算起夫婦倆有什麼共同之處時，連他們自己都吃了一驚。吳賢洪和楊永松都出生於一九七○年十一月十四日，不過，按照吳賢洪的說法，兩人出生地和成長歷程絕對是「風馬牛不相及」，如今能走在一起只能用「緣分」來解釋。

據瞭解，出身廣東的吳賢洪祖籍順德，出生於清遠，在韶關長大，一九八八年到番禺工作，先在一個電子工廠上班，一九九二年進了番禺人民廣播電臺擔任節目主持人，一晃就是十一個年頭。同為廣東人的楊永松祖籍梅縣，出生於四會，在那裡讀書長大，第一份工作是在四會電視臺擔任新聞播音員，一九九五年調入番禺電視臺擔任主持人。兩人同在番禺廣播機構共事的幾個月之間，他們有了第一次相處的機會，女方隨即對男方一見鍾情。此後，在一次共遊中，他們各自拿出身分證登記住宿時，楊永松驚奇發現兩人居然是同年同月同日生。一年後，一九九六年六月十八日，他們走進了婚姻。

七年多的婚姻生活裡，發生了許多有意思的事，兩人的性格愛好十分相近，逛街、旅遊、唱歌等等都很相契，遇事做決定也往往不約而同，不過是誰先開口的問題罷了；且由於兩人

都太過於追求完美，兩年來，他們的保母一換再換，至今已換不下六十人；在事業上，兩人的方向也很一致，他們於是成了進修課程的同班同學……

這對夫婦的同事說，他倆都是性格直率、做事認眞的人，就連思考方式也很類似，還眞是天生一對；平時公司若舉辦活動，他們也都是夫唱婦隨，一起唱歌，一起演小品。

40. 兩位蘿拉天際結緣

英國斯塔夫斯市有名十歲的小女孩蘿拉‧布克斯頓，她自己一個人在家裡玩耍，因為父母都忙於工作，沒空陪她。

蘿拉覺得很無聊，她是獨生子女，一直以來都沒有玩伴。蘿拉是個很乖巧的女孩，她的功課非常好，家庭作業從來不用爸媽操心；她也不會亂花錢，所以父母對她非常放心。可是蘿拉有時仍然感到很寂寞，她便經常替自己找些樂趣。二〇〇一年六月，蘿拉在家裡轉來轉去，突然看到家裡有氣球。

蘿拉想起曾聽同學說，把氣球放飛之後幸運結交了一個朋友的事。蘿拉決定也來試一試。她找出彩色筆，將名字和家中地址寫在一個小標籤上，繫在這只氣球上。接著她來到陽臺，放飛了氣球。蘿拉看著氣球越飛越遠，心裡默默祈禱著。

氣球這一飛竟飛越了一百四十英里，落到一戶人家，難以置信的是，這家也有一個叫做蘿拉‧布克斯頓的女兒，年紀也

正好是十歲大！這家的蘿拉‧布克斯頓是在玩耍時，看到一個氣球落在自家院子裡，於是撿起來看。蘿拉的驚呼驚動了正在看電視的父母，媽媽問她：「怎麼了？小寶貝？」小蘿拉說：「媽媽，妳快來看呀。這個氣球上的名字和我的一樣呀。」

　　小蘿拉的媽媽看了也覺得妙極了，深深感到這真是個有趣的巧合。於是，小蘿拉的媽媽照著上面的地址寫了封信給另一位小蘿拉。據說，後來他們兩家的關係非常融洽，兩個小蘿拉每次造訪對方時，總是相處得非常愉快。

41. 同名同姓的八歲小奇緣

　　茫茫人海中，要遇到與自己同年同月同日生的人，還真不容易；而如果這個人甚至跟自己同名同姓，那簡直就是奇遇！但這樣的奇遇還真的有。有個到廈門旅遊的廣州小女孩，真的意外遇到一個和自己同年、同月、同日生，且同名、同姓的「五同」廈門小男孩。

　　劉先生是廣州人，他開車帶著太太、以及八歲的可愛外甥女朱凡到廈門旅遊，在快樂假期即將結束的這一天中午，劉先生一行三人準備到彩虹花園一家「登高溪漁館」用餐。餐廳人潮洶湧，劉先生看了看，竟然找不到一張空的餐桌，他們只得找一張已經坐了一家三口的大餐桌坐下。

　　同桌的家庭是廈門本地人，一對夫婦，和一個八、九歲大

可怕的巧合

242

的小男孩。等待上菜的間隙，兩個小孩年紀相仿，很自然地便打起招呼，笑一笑。

「朱凡，和這個妹妹一起玩。」男孩的媽媽隨口叮囑一句。劉氏夫婦頓覺驚奇：「這個小男孩竟然和外甥女同名同姓！」細問之下，果真是同樣的兩個字。這樣的巧合令大家感到非常意外又開心，於是雙方聊了起來。閒聊之中，又發現這兩個小「朱凡」竟然同年同月同日出生——都是一九九五年農曆第二個八月十五日。

「按農曆演算法，一九九五年有兩個八月，第二個八月稱做閏八月，要十九年才輪一次。」劉先生說，因此他的外甥女生日十分特別，要十九年才能輪到一次真正的生日。她從小到大還沒遇過同一天生日的人，沒想到，竟然在廈門遇到在同一年閏八月同日生的小孩，甚至連姓名也完全一樣，真是難得的緣分！這樣的巧合意外地令人難以置信。兩家人聊得非常開心，吃完飯後還聊了許久，他們約定來年羊城再聚。

42. 北京奧運五十六張票的意義

二○○一年七月十三日，北京時間廿二點零八分傳來一封急電——「二○○八年奧林匹克盛會選擇了北京，中國以五十六張選票獲勝」。

律動著來自世界各地資訊的網際網路，早已成為人們表達

意見的平臺。當時,在北京申奧的網站上,一次為支持北京申奧而舉辦的簽名活動,僅一個月簽名人次就多達一百萬人。而二〇〇一年北京的申奧訴求正是──「人文奧運、綠色奧運、科技奧運」。

一九一三年,現代奧林匹克之父顧拜登(Baron Pierre De Coubertin)寓意深遠地為國際奧會設計了「五環」標誌,象徵五大洲藉著體育活動緊密相繫的一家親精神。巧的是,共有五十六個民族的中國,於二〇〇一年的北京申奧盛事中也拿到了五十六票,果真是凝聚一心再動人不過的巧合。

4 3. 閃電其實有魔力

知名的法國天文學家傅萊墨里恩(Camille Flammarion)曾經說過:「任何一齣戲劇,任何一場魔術,就壯麗的場面和奇特的效果而言,都無法媲美大自然中的閃電。」而且這位科學家一生中曾對無數電擊現場進行過調查,我們不妨摘要介紹一下──

在法國某個小城市裡,閃電擊斃了三名站在一棵菩提樹下躲雨的士兵。但他們的屍體仍舊站立著,好像什麼事也沒發生。雷雨過後,行人走上前去與他們說話,聽不到回答,便觸了觸他們的身子。結果,三具屍體頓時倒地,化成一堆灰燼!

此外,許多被閃電擊斃或震暈的人往往會失去毛髮,導致

頭頂全禿。還有一些電擊場合，閃電雖燒毀了人的衣服，可是當事人的皮膚卻未灼傷；更有這樣的怪事──閃電把內衣給燒了，外衣倒完整無損。

閃電還常常「抓走」人們手裡的東西，扔到很遠的地方去。像是某次下雷雨的時候，有個人想拿起茶杯喝水，忽然電光一閃，茶杯飛到了院子裡。結果倒還好，人沒有受傷，杯子也沒摔壞。還有一次，有個男孩扛著一把鐵叉準備從田裡走回家，閃電猛地將他的鐵叉「拉走」，甩到五十公尺開外處，而這個男孩並未受傷。

也有許多事實證明，電擊會在當事人身上留下各種金屬物件印記。在奧地利，有位名叫德萊金格的醫生，他住在維也納市郊；一次，他搭乘火車回家，等走出車廂後，他發現錢夾被人偷了。這錢夾是玳瑁製品，上面以不銹鋼鑲著兩個相互交叉的大寫「D」字，這是德萊金格姓名的縮寫。當晚，醫生被找去搶救一個遭雷電擊中的外國人。那個人躺在樹下，已經奄奄一息。當醫生檢查他的狀況時，突然發現這人的腳上赫然印著兩個交叉的大寫「D」字，和他錢夾上鑲的字母一模一樣。結果，他就在這外國人的口袋裡找到那只失竊的錢夾。

自然界的閃電以枝狀閃電最為常見，此外還有──像一道虛線似的連珠狀閃電、像一節節飛升火箭似的火箭狀閃電、像整塊雲都在閃光的片狀閃電，而其中最罕見、最引起科學家注意的則是球狀閃電。

在蘇聯的某個集體農莊，曾經有兩個孩子在牛棚屋簷下躲

雨。突然，他們發現屋前的白楊樹上出現一個橙黃色的火球，它在樹枝上跳來跳去，最後一躍到地，直朝牛棚滾來。這火球好像燒紅的鋼水，不斷冒著火星。孩子們嚇得一動也不敢動。當火球滾到他們眼前時，年紀較小的那個孩子突然踢了它一腳。轟隆一聲，這奇怪的火球爆炸了。孩子們被震倒在地，不過並未受傷，但牛棚裡的十二頭乳牛卻只有一頭倖存。

回顧兩百多年前，當美國科學家富蘭克林首次以接了金屬導線的風箏探索閃電的祕密時，人們對這種自然現象的認識是多麼膚淺。現在，科學家不但在理論上找到了它的成因，還能在實驗室以人力製造閃電，並開始將它應用在生產上，甚至還借助它創造了最新「起死回生」的奇蹟。

我們相信，隨著科學的進步與發展，大自然中有關「閃電」的種種奇聞、種種巧合現象，以及它所留下的許多謎團，終將獲得完滿的解釋。

44. 冰箱的生菜變熟菜

美國一個叫做龍尼昂維爾的小城裡，曾經發生這樣一件怪事——

有個家庭主婦到市場去買一些日常用品。當她從市場回到家裡後，覺得餓了，於是打開冰箱準備找食材做飯吃。可是，她打開冰箱一看，發現裡面竟放著烤鴨、熟蛋，及煮透的萵苣

菜，但她記得很清楚，這些東西放進去時明明是「生」的。

「上帝啊，出了奇蹟啦！這是怎麼回事？」女人驚叫起來，這件事實在太令她感到害怕，她怎麼也不明白這究竟是為什麼。於是她趕緊跑去找左鄰右舍，一家家地敲門：「快來看呀，我家裡出奇蹟啦。不知道是了什麼事啦……」鄰居們也被她的害怕所感染，紛紛放下手邊的事過來看。

當大家看到冰箱裡的熟菜，並從女人口中得知來龍去脈後，也都非常震驚。大家開始七嘴八舌地議論，有個老太太甚至趕緊在胸前劃十字，直說：「上帝保佑」。

女人的丈夫回到家後，她便趕緊將這個消息告訴自己的丈夫。丈夫不相信，說她在開玩笑。可是在鄰居們紛紛做證之下，丈夫終於信了。大家一方面感到非常刺激，另方面又感到非常害怕。他們不知該如何處理這些已經熟了的烤鴨、熟蛋，以及煮透的萵苣菜，可是女人又覺得丟掉太可惜。

很快地，消息轟動全城，不少善男信女將這視為「上帝的啟示」。但經過科學家的研究，很快就弄清楚是怎麼回事。原來，這是球狀閃電開的玩笑，它不知怎麼搞的鑽進了冰箱裡，剎那間將冰箱變成電爐，結果把裡面的食物全都煮熟了。有趣的是，這冰箱竟然沒壞，還能繼續使用。

45. 閃電打雷我不怕！

．蘇格蘭有個名叫約娜的農家少女在屋外工作時，突然發現頭頂傳來一聲雷響，頓時渾身感到一陣強烈刺痛。但後來她發現自己只是頭髮全落，其他方面則安然無恙。

．法國有個牙科醫生，遭遇雷擊後只有鬍子在冒煙，全身上下沒有一處灼傷。遺憾的是，他那把漂亮的鬍子被燒掉之後再也沒長出來。

．英國一名教師在某天下班回家的路上突然遭到雷擊，他襯衫上的銅質鈕扣全數熔化，但人卻未被傷及一根汗毛。

．法國一名旅館經理患了風濕病症，手和腿動都不能動。但有次意外遭到雷擊，甦醒過來後，驚喜發現自己的手腳恢復了健康。

．英國肯特郡一個已經癱瘓廿年的中年男子，有天遭雷擊過後突然就能起床行走了。

．西班牙有個七十歲的老人已經失明三年，但遭到雷擊之後竟奇蹟似地重見光明。

．義大利有個聾人，他在一陣又一陣的炸雷過後，突然恢復了聽覺……。

．美國維吉尼亞州的羅耶・蘇利文於一九八三年去世，在他過世前的卅五年間，住所曾三次被雷擊中──一次是屋頂被打了一個窟窿，一次是電話起火，還有一次只見一顆火紅的球雷從前窗潛入、又悄悄從後窗飛出。他本人也親身經歷多達七

次雷擊——一次是大拇指指甲被掀掉，一次是眉毛被燒焦，一次是左臂被灼傷，一次是手錶被擊碎。

還有一次是他在暴風雨中開車時，只聞得一聲雷響，後來便有股無形力量將他轟出汽車，蘇利文的帽子被燒焦，頭髮也燃起熊熊火焰，一顆火球轟響著從他的胯下竄過……然而這一回他仍然死裡逃生！

十年後他因病逝世，他於臨終遺囑裡要求親人在他的墓碑上寫著——「羅耶·蘇利文，一個不怕雷公的人」，還要求墓碑上一定要架一根避雷針。

46. 印度前總理愛恨數字「十三」

很多人都認為「十三」這個數字是不幸的，然而前印度總理的瓦傑帕伊（Atal Bihari Vajpayee），卻與這個數字有著許多不解之緣。

瓦傑帕伊遭遇執政生涯第一次打擊是在一九九六年。當時，他的印度人民黨（BJP）剛在議會選舉中獲得一百六十二個席位，成了議會第一大黨，但在十三天後，由於印度人民黨無法找到足夠的黨派或政治團體共同組建政府所需的兩百七十二個席位，瓦傑帕伊因此被迫辭職。

一九九八年三月，瓦傑帕伊第二次宣誓擔任總理，但就在一九九九年四月，他卻因一票之差於信任投票中失敗，被迫再

次下臺，而這段執政期間剛好是十三個月。

一九九九年十月，以印度人民黨為首的二十四黨全國民主聯盟，於提前進行的第十三屆人民院大選中獲勝，瓦傑帕伊第三次出任總理，並於十月十三日宣誓就職。

二○○一年三月十三日，瓦傑帕伊的政府受到一宗武器行賄醜聞的打擊，這起醜聞的曝光導致了一些官員的辭職。

二○○一年十二月十三日，瓦傑帕伊幸運避開了穆斯林叛軍組織的一樁攻擊。他聽到攻擊消息時正準備前往議會，而幾名印度高級官員當時則都已在議會中，包括反對黨領袖索尼亞‧甘地和副總理阿德瓦尼。這起攻擊導致了十五人喪生，其中包括五名叛亂分子。

二○○四年二月，瓦傑帕伊解散議會，並且呼籲提前六個月舉行大選，希望自己能在經濟成長的助力支持下再度當選總理。但他輸掉了這次賭博，並被迫辭職，而這一天剛好又是五月十三日。

這真是一些不可思議的巧合，正因為如此，相信就連瓦傑帕伊本人也對數字「十三」懷有非常複雜的情感。

47. 母女婆媳情深，同一天永隨

有四位生肖屬「牛」的老太太（分別為母女、婆媳關係）在同一天死去。這是在二○○一年二月廿一日發生於南京市的

稀奇「巧」事。

有對住在南京市下關區五佰村的母女，感情非常好。女兒十分孝順，出嫁後還接了母親一起住。母親蘇老婆婆八十九歲了，身體一向很好，可是二月廿一日凌晨，蘇老婆婆卻突然去世。六十五歲的女兒艾老太太十分傷心，一看到母親的遺物，眼淚便止不住地流。一家人強忍悲痛為蘇老婆婆舉行了葬禮。葬禮結束後，他們很快便將遺體送往浦口東門火化。

早上八點多鐘，艾老太太捧著母親的骨灰盒離開火葬場，準備登車返家時，忽然胸口喊疼，然後一頭栽倒在地。家人慌慌張張地把她扶起來，火速送她到浦口醫院。醫院也立即準備搶救。但當醫生仔細檢查過後，卻並未對艾老太太施行搶救。醫生非常遺憾地對家屬說：「這位老太太已經死了，還請您們節哀。」

無巧不成書，這一天，南京市大廠區也有一對婆媳相繼死去。婆婆同樣是八十九歲，媳婦也同樣是六十五歲。這對婆媳平日感情極深，就像母女一樣。婆婆亦於當天清晨猝死，媳婦悲傷過度，一下子便病倒。正當家人著急地找醫生時，媳婦已經不行了，悲慟的媳婦於當晚便撒手人寰。

這兩家人為失去親人感到悲痛的同時，也無不感到驚奇，大家都覺得這實在太不可思議了。據說，他們都選在同一天廿四日開追悼會。

48. 八十二歲老太太墜樓奇蹟無礙

　　一位八十多歲的老太太，從陝西省西安市南郊鐵路新村一棟住宅的四樓墜下，鄰居發現後趕緊送醫急救，經醫務人員仔細查看，幸運得很，這麼大年紀的人墜樓竟無生命危險。

　　當天早晨八點左右，記者趕到事發現場採訪時，發現該住宅樓下已有許多群眾圍觀。記者採訪了其中一些人，據稱，從四樓墜下的老太太姓刁，現年八十二歲，丈夫在她卅八歲時去世，她一個人含辛茹苦地將獨生女養大。刁老太太的鄰居曾照海說，六點廿五分，他起床下樓準備晨練，突然聽到住宅北外牆二樓的電纜線那邊有聲音，接著又是「撲通」一聲。他懷疑有人掉到樓下便立即趕過去，一看竟是住在四樓的刁老太太，便喊快來救人，過沒多久鄰居陸續趕到；十五分鐘後，醫院的醫務人員趕到現場，用救護車把刁老太太載到醫院搶救。

　　刁老太太為何會從四樓墜下？刁老太太的鄰居、住宅社區管理委員會，以及派出所的警員都說還不知道原因，但大家都說刁老太太平時人緣極好，深得鄰居們的尊敬，也未發現她有什麼異常情況。

　　隨後，記者趕到醫院的急診室探望刁老太太，醫務人員說刁老太從樓上墜下後沒有生命危險，這真的是一個奇蹟，要知道，她已經八十二歲了。

49. 撼動歷史的另類數字

學習近代史，你會發現歷史上令人驚歎的巧合還真多。不論在中國還是在外國，在亞洲或哪一洲，還是這世界上其他什麼地方，只要這些歷史事件沒發生在別的星球上，細心搜索，認真思考，總會發現至為關鍵的「另類資料」。

像是西元紀年裡，每年都會出現「11月7日」這個日子，看起來非常普通，卻是一組非常典型的另類資料。這組數字根本不用刻意演算，就可準確無誤地將廿世紀中後期，足以影響全世界的中國、美國、前蘇聯（或說俄羅斯）這三大國之間的重大歷史事件發生時間連結在一起；像是俄國的「十月革命」即成功於1917年11月7日，而美國總統大選的投票日期正是11月7日。

還有，滿清王朝的道光皇帝在位30年，他的兒子咸豐皇帝30歲時病死在熱河。咸豐皇帝19歲即位，而他的兒子同治皇帝恰好在19歲這一年因病去世。請看看，由兩個「30」和兩個「19」組成的數字巧合，竟微妙演繹了祖孫三代皇帝的生死與繼位。

此外，還有另一組十分微妙的數字巧合——清朝以康熙皇帝在位時間最長，歷經61年；慈禧太后策畫的「辛酉政變」從1861年8月22日咸豐皇帝在熱河「駕崩」那天開始；道光王朝之後，從咸豐王朝開始，滿清王朝一共苟延殘喘了61年（1911－1850＝61），滿清王朝的末代皇帝宣統皇帝在61歲這

一年去世。而「61」顛倒過來爲「16」，「後金」改爲「清」的年代數字是1616年，而清兵入關則在1644年，4乘4可以得出16。

多麼神奇的數字，多麼微妙的連結。實際上，如此微妙的另類資料，在人類社會發展歷史過程中隨處可見，俯拾即是。

5０. 照片疊影不是鬼，是我兒子

一九一四年，有位德國婦女到法國斯特拉斯堡市一家照相館沖洗底片，那是她爲自己年幼可愛的兒子拍的。可是，後來第一次世界大戰爆發了，她已不可能重返斯特拉斯堡取回底片，這位母親感到很遺憾，因爲她實在很希望能記錄自己兒子的每段成長歷程。

一年後，戰場上的丈夫回家探親。夫妻兩人久別相聚，自然非常甜蜜。忽然，她想起了照片的事，便忍不住告訴丈夫這件事。丈夫笑著安慰她：「沒有關係，以後再拍也是一樣的。不是嗎？」她也只好這樣安慰自己。

兩年之後，她又添了一個剛出生的女兒。女兒是一年前回家探親的丈夫留給她的愛情結晶。她覺得自己非常幸福，儘管丈夫不在家，但公婆對她非常好，非常照顧她，從來不讓她受苦，也不讓她受委屈，把她當親生女兒一樣看待。所以，儘管身處戰爭年代，她仍有閒爲兒女們做一些事。

一天，她在一百英里外的法蘭克福買了一捲底片，準備替剛出生、有如小天使般惹人憐愛的小女兒拍些照片。當照片沖洗出來後，她驚奇地發現，女兒的模樣竟重疊在大兒子之上。這個巧合簡直令人難以置信。原來，她先前替兒子拍的那捲底片被賣了出去，最後又輾轉賣回到她手上。

51. 一家三兒都同月同日同時出生

西班牙首都馬德里有個名叫安東尼奧的人，他長得非常帥氣。不僅如此，他還擁有一份令人羨慕不已的工作——電視臺娛樂節目金牌主持人。很自然地，追求與崇拜他的人很多。

不過，安東尼奧和影視圈裡的其他人不太一樣。那就是，他對待感情絕對真誠，從不亂來。他很少和同事出去吃喝玩樂，下班後要嘛待在公司不斷精進自己，要嘛就回家看書。總而言之一句話，他的生活非常單純。這令許多崇拜他的人失望。可是也正因為如此，他為自己贏得了一名心儀女歌手的愛。她就是胡亞尼達，只要在當地看電視和聽歌的人，幾乎沒有不知道胡亞尼達的。

胡亞尼達長期在外巡演，所以兩人相處時間不多，可是這並不妨礙兩人感情增溫。終於，有一天安東尼奧買下一幢大別墅後向胡亞尼達求婚。胡亞尼達面對真心誠意的安東尼奧，當即答應了他的求婚，她也決定婚後要減少一些工作量，這樣才

能兼顧兩人的感情與婚姻生活。

一九六六年，安東尼奧與胡亞尼達結爲夫婦。他們的婚禮舉辦得非常盛大隆重，當地名流幾乎全都到場，這爲他們後來的婚姻生活留下許多美好回憶。婚後，胡亞尼達眞的減少了工作量，她在外巡演的次數也減少了。安東尼奧非常感動。

兩年後的七月二日晚間七點，胡亞尼達生下了一個胖小子，他們爲他取名豪亞津。非常巧的是，相隔四年，胡亞尼達居然又在同月、同日、同時生下了長女。這令他們夫妻感到十分驚喜。更令人驚訝的是，到了一九七六年，他們的第三個孩子又是在七月二日晚間七點來到人間。這驚人的巧合使這對金童玉女相信——他們的愛情是上天注定的。

52. 四年才慶生一次的夫妻

陳家添於一九六〇年二月廿九日出生，而王秀瓊則在四年後的二月廿九日出生。巧的是，他們結成了夫妻。這對夫婦同月同日生，而且都得四年才慶祝一次生日，一時傳爲佳話。

一般來說，要在茫茫人海中覓得與自己同月同日生的伴侶已非易事，更何況是每四年才出現一次的二月廿九日。但良緣卻特別眷顧陳家添和王秀瓊這對愛侶，讓他倆同時在二月廿九日出生，再讓他們相遇、相知而相戀，繼而結爲夫妻，攜手走上人生道路。

從商的陳家添說：「當初與我太太認識時，並不知道她也和我一樣是在二月廿九日出生。直到我們互相喜歡上對方，我準備送她生日禮物時，才驚訝發現原來我們兩個是同月同日生。當時我嚇了一跳，沒想到世上竟有這麼巧的事。那一刻，我決定要好好愛她，不讓她傷心。」

　　兩人的相戀果眞非常浪漫且幸福，他們結婚多年感情很好，從不爭吵。兩人有很多共同的興趣愛好，一些生活上的小磨擦當然在所難免，但一般而言都是做丈夫的先讓步投降，這使他們之間的「戰爭」總是打不起來。

　　很多人都說他們是天定姻緣，畢竟都是在二月廿九日出生，而且還結爲夫妻，這非常罕見，何況他們眞的是一對恩愛夫妻啊。

53. 適合玩撲克牌的一家人

　　英國倫敦的比爾德一家，家中所有成員的出生日期實在湊巧得有點離奇，祖母、父親、母親、女兒的出生日期全都成雙成對，分別是——十月十日、十一月十一日、四月四日、十二月十二日。

　　當比爾德於十一月十一日出生時，做母親的很爲這個巧合高興得合不攏嘴。因爲她自己是十月十日出生的。比爾德長大後在一家電子公司上班。公司有個女孩名叫羅絲，長得非常漂

亮，追求她的人非常多，比爾德也非常喜歡她，但他覺得自己的條件很普通，而追求她的人又那麼多，所以他實在沒抱任何希望，只是平淡地和她相處。正因為這樣，羅絲反倒覺得這個人很有意思，不像其他人那樣會做出一些令她厭煩的事。有一次，兩人不約而同地到同一個地方旅行。當他們相遇的那一刻，雙方都驚喜不已。

從那以後，他們便經常約會。兩人都喜歡旅遊，所以經常相約爬山。慢慢地，彼此都感覺離不開對方了……。有一天，他們在街上散步時，被羅絲的母親看到，羅絲的母親第一眼就喜歡上比爾德，她高興地對女兒說：「妳什麼時候帶這個帥小子到我們家做客吧。這個小夥子很不錯。」於是，比爾德後來順理成章成了羅絲的丈夫。

結婚時，比爾德才知道羅絲是四月四日出生的。這成雙成對的生日巧合讓他們非常高興，更令他們覺得兩人在一起是種緣分，是上天的安排。想不到更巧的事還在後面。一年之後，他們有了自己的孩子，而且這個小女嬰——竟然是在十二月十二日中午十二點十二分出生，真是巧合得不能再巧。

54. 全家與美國國慶一起慶生

世上有千奇百怪的萬事萬物，有些事竟巧得令人難以置信。底下便收錄一些與「生日」有關的離奇巧合——

出身北京市房山區的劉翠霞生於一九六二年農曆正月十二日凌晨四點，生肖屬虎。她長成了一個可愛的女孩，當她遇到自己喜歡的男孩後，戀愛兩年就結婚了。婚後不久，他們生了一個女兒，巧的是，女兒蘇婷婷生於一九八六年農曆正月十二日凌晨四點，生肖同樣屬虎。母女的生日與生辰完全一樣，令他們一家人感到非常驚訝。甚至，就連女兒婷婷的性格也與母親極為相似。

　　這樣的巧合還有很多。

　　英國有一個家庭，祖母、母親、女兒三代各相差廿五歲，生日均是六月廿日。祖母如今仍健在，母親的身體也非常好，女兒也非常聽話。這樣的生日巧合使這一家人的感情更加融洽緊密，因為她們覺得這是上帝的恩賜，是上天給的緣分。目前，這一家子都住在一起，誰也不想跟誰分開住。

　　一九八二年七月四日，美國北卡羅萊納州威爾明市，有個小嬰兒在新漢諾佛紀念醫院降臨人世了。小嬰兒的到來替這個大家庭帶來了許多樂趣，這是因為他的父親、祖父、曾祖父也都在七月四日出生，曾祖父的生日甚至恰恰好就是美國獨立一百週年紀念日這一天，即一八七六年七月四日。他們這一家十分開心能遇上這種喜上加喜的巧合；有位數學家計算證明，像這種「四代人皆在同一天生日」的情況，要一百一十七億人之中才有一例。

55. 失散親兄弟，老年相遇安養院

　　納貝德養老院剛剛住進一位七十九歲的老先生亞瑟・胡珀。護士們都說：「你簡直就是那個已經在我們院裡住了十九年的七十五歲胡珀老先生的翻版。真的長得幾乎一模一樣啊。而且，你們有很多習慣動作也都非常相似呢。」亞瑟笑稱：「妳們真會開玩笑。怎麼可能呢？呵呵。」他根本就不相信她們的話。

　　亞瑟・胡珀年輕時和他的弟弟飄洋過海謀生去，分手後便失去了聯絡。這些年來，亞瑟一直試盡各種方法找尋自己的弟弟，可是怎麼也找不到。他完全不知道弟弟的狀況，甚至不知道這親生弟弟是不是還活著。

　　亞瑟在納貝德住了廿年，他一生都沒結婚，但也不知道確切的原因是什麼。年輕的時候，他曾瘋狂愛過一個女孩，女孩活潑又大方，而且特別愛笑，可是，女孩後來選擇了一個有錢富家子弟。這件事帶給亞瑟很大的打擊，他太愛那個女孩了，從此他再也沒愛過別人，就這樣，他獨身了一輩子。最後因為沒人照顧，便住進了養老院。

　　亞瑟有所不知的是，護士們並沒有開他玩笑，他的確長得很像另一位胡珀先生。亞瑟聽她們說得那麼認真，也感到半信半疑。一查之下，那位胡珀先生竟然就是他失聯多年的弟弟。他們都在納貝德住了廿年，卻不知道親兄弟就近在咫尺，最後在命運的巧妙安排下，終於在養老院相會了。

兩兄弟此時都已經年華老去。可是，他們的模樣，他們的血肉之親，令他們一點也不覺得對方陌生。這對老兄弟非常感謝護士們開的玩笑與大力幫忙，覺得這是命運的絕妙安排，安排了這樣一場巧合，讓他們在晚年時能夠重逢。

56. 查無血緣關係的雙胞胎

埃米爾·瑪吉斯與約翰·托勒看起來就像一對一模一樣的雙胞胎，但是他倆卻毫無血緣關係！

他們是在美國堪薩斯城一家書店偶遇的。當他們偶然打量彼此時，竟發現自己跟對方就像一對攣生兄弟，簡直像同一個模子刻出來的。於是，兩人很自然地聊了起來。

他們又驚訝發現，彼此的妻子都是金髮碧眼，而且都叫做瑪麗；他們都擁有四個孩子，年齡都是七歲、九歲、十歲和十二歲；兩人都在銀行工作；都收集郵票和硬幣；最奇特的是，兩人的左肩都有一塊雞蛋形狀的胎記。不僅如此，他們也都是業餘拳擊手，而且都駕駛一九八三年產的英國ＭＧ敞篷汽車，也都喜歡吃墨西哥菜。

托勒現年四十七歲，比埃米爾大兩歲。托勒說：「埃米爾和我長得完全一樣，但我們卻沒有任何親緣關係。實際上，我們是分別在大西洋兩岸出生的，埃米爾來自比利時的布魯塞爾，我則是堪薩斯土生土長的美國人。我們很確定，自己都不

是被領養的，所以不可能是出生時就分離的雙胞胎。但我們真的就像一個模子刻出來的。這實在太不可思議了。」

相遇之前，他倆自然是素不相識的陌生人，那天，他們在堪薩斯的一家書店面對面相遇了。雖然當時他們的穿著打扮各不相同，但仍好像是在鏡子裡看到自己一樣，於是他們互相交換了電話號碼，並急切地想調查一下他們之間是否可能有血緣關係。經醫院權威的ＤＮＡ鑑定後，證實他們之間確實沒有血緣關係。

這真的太神奇了！用埃米爾的話來說，他們的相貌竟能如此酷似而無血緣關係，這只能說是上天的傑作了。而且自從他們在書店相遇之後，便成了好朋友，一直都保持著聯繫。雙胞胎之所以相似，是由於基因的緣故，那麼沒有血緣關係、卻似雙胞胎，這又該做何解釋呢？

57. 聖誕卡片有求必應

俗語說「無巧不成書」，但書裡許多離奇的巧合，往往是作者編造出來吸引讀者興趣的。不過，生活中的確會發生許多不可思議的巧合。下面這則小故事，就是發生在英國的真人真事——

哈利・赫里凱恩和吉姆・莫爾這對兄弟感情非常好，兩人從不為小事而爭吵。一九三○年，他們一塊兒去從軍，進入肯

特郡的查塔姆兵營。後來軍隊將他們調往不同的軍營，從此兄弟倆分道揚鑣，不知彼此的下落與生死。這對兄弟自分開後一直在尋找對方，他們用盡各種方法，但始終沒有找到對方。一年又一年過去了，他們都以為再也找不到自己的兄弟了，甚至在心裡做了最壞打算——對方可能已在戰爭中去世。

時間來到五十二年後的一九八二年，有一封理應寄到吉姆居住的烏波拉夫村的聖誕卡，被郵局陰錯陽差夾在另一張寄往紐西蘭威靈頓、給「哈利」收的聖誕卡內。哈利收到那張聖誕卡後，覺得烏波拉夫村這名字似曾相識，但實在想不起來在哪裡見過，或者聽過。

哈利一直不斷轉來反去地查看那張聖誕卡，最後決定在卡片上附言，問對方認不認識吉姆‧莫爾這個人。他這麼做時，並非認真想著吉姆‧莫爾還活在這個世界上。只是，他不想放過任何一個機會。

巧的是，收信人正好是吉姆的鄰居。當鄰居將這張聖誕卡轉給吉姆看時，吉姆高興得眼淚直流。他在感謝這位鄰居的同時，又在心裡感謝命運的巧合。如果不是這意外的巧合，他也許永遠找不到自己的親兄弟。於是，這對離散五十二年的親兄弟終於又相會了。

58. 一家四代皆同月同日生

　　美國有個家庭，四代皆同月同日生，這項稀奇而罕見的巧合還真是平了「金氏世界紀錄」。

　　在現代社會中，四代同堂的家庭已屬難得，四代皆同月同日生的情況當然更罕見，美國威斯康辛州密爾瓦基市的希德布蘭一家，就遇上這種難得的巧合。

　　希德布蘭的兒子雅各，與他本人、他的母親及外婆皆於八月廿三日來到人間。這個家庭已將此事告訴金氏世界紀錄的工作人員，他們會把雅各的出生列入四代皆同月同日生的紀錄。根據金氏世界紀錄，另外兩個四代皆同月同日生的家族為一九八二年七月四日出生的美國人威廉斯及其家人，以及一九九七年三月廿一日出生的芬蘭人特雅迪。

　　希德布蘭表示：「我兒子的出生絕對未經事先計畫，而是巧合中的巧合。我們誰也沒想到真有這麼巧的事，當然我們內心非常希望能夠這麼巧。」原來，他兒子雅各出生的時間不遲不早，剛好就在妻子的預產期八月廿三日當天。

　　希德布蘭的親戚們，本來就很為家族中有三個人是同月同日生而感到高興，在希德布蘭的妻子分娩前，他們也盼望這個新生命能讓同月同日生的家族成員增加到四人。不過，主治醫師告訴他們，只有百分之五的新生兒會在預產期這一天準時出生。

　　因此，希德布蘭與妻子金姆對兒子選在這個特別的日子來

到人間，分外感到欣喜。金姆在分娩後說：「真是不可思議，小嬰兒就是要在今天出生。」

59. 計程車搶匪注定失風被逮

二○○四年四月五日凌晨五點左右，廣州市經濟技術開發區煤氣公司對面一個建築工地裡，十多名警察和近廿名計程車司機，正在搜尋一名剛剛犯了案的搶匪。

現場群眾說，他們有的是遭劫計程車司機的朋友，有的是附近值班的工人，之所以前來是想協助警察追捕歹徒。遭劫的計程車司機說，當天凌晨三點鐘，他把車停在南崗鎮鴻福門酒家外排班招生意。後來，兩名年輕的黃髮男子上了車，說要去附近一個農貿市場。到了市場門口，其中一個年輕人拿出一張百元鈔票。他用手一摸，發現可能是偽鈔，正想跟對方說換張鈔票，忽然感覺脖子一涼，剛要回頭，一個低沉的聲音從後方傳來：「搶劫！」

於是司機假裝把手伸向口袋掏錢，然後身體猛地向左一偏，右手順勢拔出鑰匙，瞬間便已滑出車外，朝旁邊的村子跑去。等到確定沒有人追來，他才開始打電話給幾個朋友。十幾分鐘後，司機的幾名朋友先後趕到。他們一起回到計程車旁，發現兩名搶匪已不知去向。於是司機發動計程車，送這幾個朋友回家。

計程車行駛至青年路時，路邊忽然有人招手攔車。司機仔細一看，竟是那兩名搶匪的其中一個。於是他不動聲色地開車上前，和幾個朋友一起下車制伏了搶匪，同時報警，讓警察將此人帶走。之後，警方又根據司機提供的線索，在附近的一個建築工地抓獲了另一名搶匪。

60. 瓶中信的四十四年漂流記

四十四年前，有一只放入了字條的玻璃瓶被人從船上丟進海裡；四十四年後，也就是西元二○○○年，這只玻璃瓶竟在紐西蘭、距離原持有人住處不遠的地方，被找到了。

媒體報導，六十六歲的奧地利人舒華茲於一九五六年乘船到澳洲參加墨爾本奧運，他以英文和德文寫了一張字條，然後放入一個玻璃瓶丟進海裡，他希望這個玻璃瓶能幫助他實現願望。可是，一等等了四十四年，玻璃瓶一點消息也沒有。據說他也未能實現自己的願望。

這張寫了包括「找到一個太平洋女人」云云爾的字條，是被一個住在威靈頓北部的男子找到的，這個地方正好距離舒華茲的現居處僅七十公里遠。

這名男子於非常意外的情況下發現了玻璃瓶。剛開始，他發現這瓶子後並不覺得有什麼好驚奇的，只覺得很好玩，因為這只玻璃瓶的做工非常精緻，但是從玻璃瓶的外觀來看，又似

乎年代相當久遠。於是，他好奇地打開了它，當他打開後看到瓶裡的字條，才知道它已在海上整整漂流了四十四年。他感到非常訝異——這真是一個奇蹟，漂流了那麼久，竟然沒被打破，或發生擱淺意外，實在太不可思議了。

報導又說，沒有半點消息透露這只玻璃瓶究竟是在哪裡被發現的，以及字條上寫了哪些其他內容，原因是——這位堅不透露真實姓名的男子，已和傳媒簽了一份獨家保密合約。

61. 兩國的李富榮相見歡

有兩個名叫李富榮的人，於二〇〇二年十月十三日在釜山見了面，這場會面從頭到尾都在歡笑中度過。

一個李富榮是韓國的國會議員，現年六十三歲，曾任民主黨副總裁、大國家黨國會黨團主席和副總裁，是開放國民黨的創建人之一。他曾連任三屆國會議員，但在二〇〇四年四月的第十七屆國會選舉中落選。另外一個李富榮則是中國體育代表團副團長。韓國的李富榮特地從漢城趕到釜山，與中國的這位李富榮會面。

韓國的李富榮是在不久前隨一個代表團訪華時，得知中國也有個名氣很大的李富榮，於是想辦法和中國的李富榮聯繫上，兩人約好在北京首次相見歡。而且令人驚訝的是，這兩個李富榮竟然是同年同月同日生，他們一見彼此自然分外親近。

在釜山這一晚的會面當中，韓國的李富榮熱烈祝賀中國體育代表團在甫結束的亞運會取得了優異成績，中國的李富榮則熱烈祝賀對方將釜山亞運辦得非常成功。韓國的李富榮接著又對中國的李富榮說：「我相信，你們一定能成功辦好二○○八年的北京奧運。」

62. 母子因一輛腳踏車相認

倫敦的安・巴克菲爾德老太太為了替十二歲的孫子買一輛腳踏車，特別去翻電話簿。她的孫子非常調皮，卻為這個家、為她這個祖母帶來無窮的樂趣與幸福，所以無論什麼要求，這位老太太都會儘量滿足孫子，為孫子做到最好。

老太太從電話簿找到一家叫做伍爾西的腳踏車店，她和六十歲的店老板唐諾・伍爾西討價還價時，還大談姓氏的巧合。原來，巴克菲爾德老太太未出嫁時就是姓伍爾西，她還告訴店老板很多自己以前的事。就這樣，兩人聊得很投契。可是，隨著對店老板的瞭解越來越深，她發現這店老板原來就是自己六十年前未婚生子、之後送給別人的親生兒子。這是她萬萬沒想到的，連她自己都覺得太不可思議了。

不可思議的事還有，那就是唐諾和他的妻子每天開車上班時，都會把汽車停在這位老太太的家門外，然後轉乘火車來到店裡，但他根本不知道那一戶人家就是他親生母親的家。

雖然唐諾覺得自己的親生母親實在太狠心，卻一直想念著不知在何方的她。可是如今想一想，他覺得母親這麼做其實是可以理解的，畢竟她一定是不得已才會這麼做。他也曾對自己的妻子講過這件事，妻子也很鼓勵他去找自己的親生母親，但唐諾擔心母親婚後不願丈夫知道她曾經未婚生子，因此一直拿不定主意要去尋母親。

這次藉著買腳踏車的偶然事件，竟使這一別六十載的母子團圓。兩人哭泣著擁抱在一起，他們都為這場命運的安排由衷感到高興。

63. 媳婦其實是親生女兒

畢業於上海某大學外語系的李燕，一九九四年在廣州與陳林相識。那時，陳林剛從澳洲留學歸來，在廣州發展事業，李燕則在一家外商公司擔任高級譯員，他們於黃埔碼頭的一次工作往來中邂逅了彼此。李燕深為這個瀟灑的年輕人所打動。

一九九五年十月一日，兩人在陳林的老家——江南的南方大酒店舉行了隆重熱烈的婚禮。很快地，李燕懷孕了。隨著產期日近，她在丈夫的呵護下回到了陳林的老家，休養兩個月之後，終於要做母親了。

可是，當那激動人心的生命誕生時刻到來，陳林卻沒聽見嬰兒啼哭聲。約莫過了十分鐘，陳林被叫進產房，醫生神情嚴

峻地說：「年輕人，你要有心理準備，你妻子產下的是一個畸胎……」陳林眼前一黑，差點昏過去。沒想到這幕悲劇，兩年後又再度發生，嬰兒畸形之處驚人相似。

一個巨大的疑團在陳林的母親王芳心中瀰漫開來。日日朝夕親密相處，這名婆婆甚至替媳婦梳頭打理。有一天早晨，王芳突然發現媳婦左耳下垂處有個綠豆大的突起綠痣。母親當然再瞭解不過，因爲在兒子陳林的耳下同一個地方，也有這麼一顆綠痣。

她心中的猜疑更加深厚了，便將那顆痣的疑問告訴了丈夫：「這怎麼跟你那顆痣一樣啊？」丈夫陳陽聽到之後，驚異地說：「這……這怎麼可能……」

這個驚人發現使陳陽憶起自己的另一段感情。原來，一九六〇年，陳陽從東北一所大學畢業後，被分配到西北一家三流企業擔任技術員，但與他相戀兩年的同班同學李青卻因家庭背景有問題，而無法進入同一家公司工作。李青含淚送別陳陽之後，從此兩人一個在東一個在西，再沒音訊。這一晃，不覺快八年過去了，卅三歲的陳陽無奈之下只好與女工王芳結婚。一九六八年，他們生下了兒子陳林。

一九七二年五月，已是企業副總工程師的陳陽到上海考察技術設備，沒想到在一家旅館與分別十三年的戀人李青不期而遇。當時，李青已是一家國有大型企業的工程師。不過，李青一直沒有結婚，這令陳陽對癡情的她感到非常內疚；於是，他們越軌了。不料，李青竟懷了孕，她在異常激動興奮的心情下

度過了三個月，但肚子漸大、未婚懷孕的她再也不能去上班，李青毅然決定要把孩子生下來。於是她向公司請了一年的假，聲稱自己要到東北與一個副營長結婚，但實則隱居在蘇州鄉下一個親戚的家裡，生下了一個漂亮的女兒。她立即告訴陳陽這個喜訊，可是信發出去一個月，毫無回音。

陳陽為了調查清楚，透過李燕，他親自找到了李青。當他們知道兩人的女兒確實是陳陽現在的媳婦時，都為之痛苦不已，於是便把希望寄託在親子鑑定上。可是，現實是殘酷的。親子鑑定證明李燕確實是陳陽的女兒。就這樣，陰錯陽差，親生女兒成了自己的媳婦。

二○○一年七月廿五日，陳林與李燕兩人平靜地辦理了離婚手續，從夫妻變成兄妹。八月廿五日，陳林辭去了工作，從此踏上澳洲的土地。目前，陳陽已經與妻子離婚，不知去向，生死不明。

64. 廿多年密友竟是親兄弟

廿多年前相遇並成為密友的巴爾班和克拉爾，沒想到，兩人居然是親兄弟。

克拉爾在巴爾班結婚時擔任他的男儐相，他曾在一張照片上寫下這樣一句話：「你是我真正的兄弟。」後來當相關人員查詢收養紀錄時，意外發現四十九歲的巴爾班和五十二歲的克

拉爾真的是親兄弟。這實在太巧了。

在船運業工作的巴爾班說：「克拉爾和我一直感覺到彼此之間有種特殊關係。可是，我們一直不知道這是種什麼樣的關係。更沒想到，我們竟然會是親兄弟。」他說，他們是在一間酒吧相遇，而且立即成了好朋友。

事情是這樣的。三年前，一名男子由於健康因素與州政府聯絡，要求查詢自己的收養紀錄。這名男子還意外發現自己是被父母拋棄的九個孩子之一。在兒童與家庭部門任職的社工詩特莉找到相關檔案後，便決定試著聯絡其他八個孩子。

她首先聯絡的便是克拉爾。克拉爾得知他是養子的消息後非常吃驚，因為收養他的父母一直沒告訴他真相。於是克拉爾對詩特莉說：「我最好的朋友也是被人領養的，我想請妳幫忙查一下他的情況。」然後，詩特莉問：「你的朋友叫什麼名字？」當克拉爾告訴她時，她沉默片刻後告訴克拉爾，他這個做了廿五年的好朋友，正是他的親兄弟。這個消息讓克拉爾非常意外。

更讓克拉爾意外的是，他還發現自己的一名工作夥伴是他的另一個兄弟，而他曾約會過的一個女孩子是他的妹妹，而且兩人的感情還一度很深……。美國全國廣播公司（ABC）也曾播出這個巧到不能再巧的家庭故事。

65. 同一副手銬，不同的命運

　　二○○三年三月十五日，臺北一名十七歲葉姓女學生為了籌措生活費，在夜市販賣盜版光碟被警方查獲；巧的是，一名和葉女同年同月同日同時出生的薛姓高中生，因為替女友慶祝生日，酒後騎摩托車被逮入了警局，兩人被銬在同一副手銬上，一起被移送少年法庭審理。

　　據臺灣媒體報導，就讀於臺北市松山區某高職的葉姓女學生，十三日深夜在饒河街夜市擺攤販賣盜版遊戲光碟時，被喬裝成客人的派出所警察逮獲。警訊中，穿著簡單樸素、面貌清麗的葉女供稱，她目前半工半讀，為了想多賺一點生活費，才利用晚上下課後批發一些盜版光碟販賣，沒想到才第一天擺攤就被查獲，血本無歸。而一身流行打扮的高二薛姓男學生，則是十四日凌晨一點左右自南京東路某地下舞廳離去時，被路邊巡查的保安大隊以酒後騎車名義攔下。不過，這名男生一臉滿不在乎的樣子，他表示自己為了替女友慶祝生日，花了兩萬多元包場讓大家開心一下，當然要喝上一點酒。他覺得自己這麼做並沒有錯。

　　葉女和薛男同時被送往刑事組，辦案警員將兩人銬在一起偵訊、製作筆錄時，發現兩人都是一九八五年十二月廿六日出生，仔細詢問之下，發現他們恰巧都是早上十點出生。因巧合至極，就連葉女和薛男兩人亦感到非常驚訝，警員也嘖嘖稱奇，但也不禁暗歎這兩個孩子的家境竟有如此天壤之別。

66. 應該謝謝命運嗎？

不祥的地名

一九一一年，在一個叫「格林貝利希爾」的地方，三個謀殺愛德蒙爵士的罪犯在倫敦被處以絞刑，這三名罪犯的名字正好分別為——格林、貝利、希爾。

數字「23」之惡

一九三二年，一個外號「荷蘭人」、名叫舒爾茨的酒販，在紐約23號街派人殺害了一名23歲大、名叫文森·考爾的男子。舒爾茨本人於三年後的同一天——1935年10月23日被人殺死，凶手被判無期徒刑，但在監獄待了23年後被釋放。

天外野鵝

一九七四年十一月的一天，諾伊爾·麥凱布一家正在英國德比郡金斯頓大街上的自家，欣賞法蘭基·萊恩所唱的歌劇《野鵝》錄音，突然間，一隻加拿大鵝衝破玻璃，從窗子跳進了他們家的臥室……。

嬰兒的守護者

一九七五年春天，底特律市有名嬰兒從十四層樓高摔下，正好掉到走在樓下的約瑟夫·費格洛克身上。沒想到，一年之後又發生了同樣的事，費格洛克和這兩名嬰兒都沒死，非

常幸運。

此路欠佳

一九七四年，法蘭克・克拉特沃西在一次晚宴結束後，開車返回薩默塞特市沃希福特路的家，但途中不幸翻車。一個小時後，他的孿生兄弟傑克從同一場晚宴離開，也在同一條路上翻了車。

最棒的感謝

四歲時，羅傑・勞塞在麻薩諸塞州賽勒姆的海濱，被一位名叫愛麗絲・布萊斯的婦女救起。九年後，也就是一九七四年，在同一個地方，羅傑划動一艘竹筏入海，將一名男子從海水中救起，這名男子居然是愛麗絲的丈夫。

孿生兄弟生命唱同調

俄亥俄州利馬市的詹姆士・盧斯和俄亥俄州達頓市的詹姆士・斯皮林格是一對孿生兄弟，但他們出生後不久便分開了。他們各自的養父雖然互不相識，卻同時替兩兄弟取名為詹姆士。這兩個詹姆士都娶了名叫琳達的女子，而且後來都與妻子離婚；兩人都替自己的長男取名為艾倫；他們都喜歡到佛羅里達州的海灘度假；兩人的身高都是一百八十三公分，體重都是八十一公斤，嗜好相同，都曾受過警官的訓練。一九七九年，是他們第一次相遇，當時年齡為卅九歲。

這齣劇不受羅浮宮歡迎

一九三八年初，劇作家塔博特（A. J. Talbot）發表了獨幕喜劇《在包格斯考夫斯基家》（Chez Boguskovsky），講述一個姓包格斯考夫斯基的人從巴黎羅浮宮博物館偷走了一幅畫。一九三九年八月十五日，羅浮宮博物館有幅畫被偷，竊賊真的姓——包格斯考夫斯基。

誰說人生而平等？

一九〇六年，德國輪船「大選帝侯」號從不來梅開往紐約，途中有六名嬰兒誕生——一個在頭等艙，雙胞胎在二等艙，三胞胎在三等艙。

死得其所

一九七四年，賓夕法尼亞州唐寧鎮胡椒嶺農場，有個名叫賀喜的員工，跌進巧克力大罐中遭到溺斃。而美國一家著名的巧克力糖企業正好名叫賀喜（Hershey）。

被詛咒的名字

一七四六年二月十三日，法國人杜巴雷被處決，犯的是弒父罪。整整一百年之後，即一八四六年二月十三日，另一個名叫杜巴雷的法國人也因弒父罪遭到處決。

找錯棄屍地點

一六七八年十月十七日，英國一名從政的治安法官高弗萊爵士遭到謀殺，屍體被丟在倫敦格林培萊山上的一條溝裡。有三個人被捕，被控謀殺罪，他們的姓氏分別是——格林、培萊、山。

他們都愛「鋁」

一八八六年，美國人霍爾和法國人赫魯特都在這一年發現了「從鋁礦石中提煉鋁」的方法。更令人驚訝的是，他們都生於一八六三年，又都死於一九一四年。

國家圖書館出版品預行編目資料

可怕的巧合：176個不可思議的謎團／北巫著；——初
版.——臺中市：好讀, 2011.11

面：　　公分，——（發現文明；38）

ISBN 978-986-178-209-6（平裝）

1.奇聞異象

297　　　　　　　　　　　　　　　100017059

好讀出版

發現文明38

可怕的巧合：176個不可思議的謎團

作　　者／北　巫
總 編 輯／鄧茵茵
文字編輯／簡伊婕
美術編輯／李靜姿、李玟宣
行銷企畫／陳昶文
發 行 所／好讀出版有限公司
台中市407西屯區何厝里19鄰大有街13號
TEL:04-23157795　FAX:04-23144188
http://howdo.morningstar.com.tw
　（如對本書編輯或內容有意見，請來電或上網告訴我們）
法律顧問／甘龍強律師
承製／知己圖書股份有限公司　　TEL:04-23581803

總經銷／知己圖書股份有限公司
http://www.morningstar.com.tw
e-mail:service@morningstar.com.tw
郵政劃撥：15060393　知己圖書股份有限公司
台北公司：台北市106羅斯福路二段95號4樓之3
TEL:02-23672044　FAX:02-23635741
台中公司：台中市407工業區30路1號
TEL:04-23595820　FAX:04-23597123

初版／西元2011年11月1日
定價／270元
如有破損或裝訂錯誤，請寄回知己圖書台中公司更換

Published by How-Do Publishing Co., Ltd.
2011 Printed in Taiwan
All rights reserved.
ISBN 978-986-178-209-6

讀者回函

只要寄回本回函，就能不定時收到晨星出版集團最新電子報及相關優惠活動訊息，並有機會參加抽獎，獲得贈書。因此有電子信箱的讀者，千萬別吝於寫上你的信箱地址

書名：可怕的巧合

姓名：＿＿＿＿＿＿＿＿ 性別：□男□女 生日：＿＿年＿＿月＿＿日

教育程度：＿＿＿＿＿＿＿＿＿＿＿＿

職業：□學生 □教師 □一般職員 □企業主管
　　　□家庭主婦 □自由業 □醫護 □軍警 □其他＿＿＿＿＿＿＿＿

電子郵件信箱（e-mail）：＿＿＿＿＿＿＿＿＿ 電話：＿＿＿＿＿＿

聯絡地址：□□□＿＿＿＿＿＿＿＿＿＿＿＿＿＿＿＿＿＿＿＿

你怎麼發現這本書的？

□書店 □網路書店（哪一個？）＿＿＿＿＿＿＿□朋友推薦 □學校選書
□報章雜誌報導 □其他＿＿＿＿＿＿＿＿＿＿＿＿＿＿＿＿

買這本書的原因是：＿＿＿＿＿＿＿＿＿＿＿＿＿＿＿＿

□內容題材深得我心 □價格便宜 □封面與內頁設計很優 □其他＿＿＿＿

你對這本書還有其他意見麼？請通通告訴我們：

＿＿＿＿＿＿＿＿＿＿＿＿＿＿＿＿＿＿＿＿＿＿＿＿

你買過幾本好讀的書？（不包括現在這一本）

□沒買過 □1～5本 □6～10本 □11～20本 □太多了

你希望能如何得到更多好讀的出版訊息？

□常寄電子報 □網站常常更新 □常在報章雜誌上看到好讀新書消息
□我有更棒的想法＿＿＿＿＿＿＿＿＿＿＿＿＿＿＿＿

最後請推薦五個閱讀同好的姓名與E-mail，讓他們也能收到好讀的近期書訊：

1.＿＿＿＿＿＿＿＿＿＿＿＿＿＿＿＿＿＿＿＿＿＿＿＿＿

2.＿＿＿＿＿＿＿＿＿＿＿＿＿＿＿＿＿＿＿＿＿＿＿＿＿

3.＿＿＿＿＿＿＿＿＿＿＿＿＿＿＿＿＿＿＿＿＿＿＿＿＿

4.＿＿＿＿＿＿＿＿＿＿＿＿＿＿＿＿＿＿＿＿＿＿＿＿＿

5.＿＿＿＿＿＿＿＿＿＿＿＿＿＿＿＿＿＿＿＿＿＿＿＿＿

我們確實接收到你對好讀的心意了，再次感謝你抽空填寫這份回函

請有空時上網或來信與我們交換意見，好讀出版有限公司編輯部同仁感謝你！

好讀的部落格：http://howdo.morningstar.com.tw/

請填妥後對折黏貼，直接投郵即可，無須貼郵票。

好讀出版有限公司　編輯部收

407 台中市西屯區何厝里大有街13號

電話：04-23157795-6　傳眞：04-23144188

------ 沿虛線對折 ------

購買好讀出版書籍的方法：

一、先請你上晨星網路書店http://www.morningstar.com.tw檢索書目

　　或直接在網上購買

二、以郵政劃撥購書：帳號15060393　戶名：知己圖書股份有限公司

　　並在通信欄中註明你想買的書名與數量

三、大量訂購者可直接以客服專線洽詢，有專人爲您服務：

　　客服專線：04-23595819轉230　傳眞：04-23597123

四、客服信箱：service@morningstar.com.tw